*Hugo Mußhoff*

# Das Terrarium und seine Bewohner

*Ein kurzer illustrierter Ratgeber für Terrarienfreunde*

*Hugo Mußhoff*

**Das Terrarium und seine Bewohner**

*Ein kurzer illustrierter Ratgeber für Terrarienfreunde*

---

*ISBN/EAN: 9783845725376*

*Erscheinungsjahr: 2012*

*Erscheinungsort: Bremen, Deutschland*



*www.unikum-verlag.de | office@unikum-verlag.de*

*Bei diesem Titel handelt es sich um den Nachdruck eines historischen, lange vergriffenen Buches. Da elektronische Druckvorlagen für diese Titel nicht existieren, musste auf alte Vorlagen zurückgegriffen werden. Hieraus zwangsläufig resultierende Qualitätsverluste bitten wir zu entschuldigen.*

*Hugo Mußhoff*

# Das Terrarium und seine Bewohner

*Ein kurzer illustrierter Ratgeber für Terrarienfreunde*

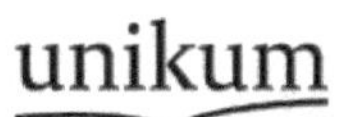

# Das Terrarium

## und seine Bewohner.

Ein kurzer illustrierter Ratgeber
für Terrarienfreunde.

Von

**Hugo Mußhoff.**

Mit zahlreichen Abbildungen
zumeist nach photographischen Aufnahmen.

Berlin W.
Fritz Pfenningstorff.
Verlag für Sport und Naturliebhaberei.

Großes heizbares Terrarium.
Auf der Ausstellung des „Triton"-Berlin 1903 prämiiert.

# Vorwort.

Dank der rastlosen Tätigkeit der jetzt an fast allen größeren Orten Deutschlands bestehenden Vereine hat die Terrarienliebhaberei im Laufe der letzten Jahre mächtige Fortschritte gemacht.

Neben dem Münchener Verein „Isis" verdankt diese schöne Liebhaberei auch den Hamburger Vereinen „Salvinia" und „Humboldt" sowie den z. Zt. zwar wenigen, aber um so eifrigeren Terraristen des Berliner „Triton" zum größten Teil wohl die Blüte, in der sie jetzt steht.

Man möchte fast nach der ersprießlichen Tätigkeit dieser Vereine heute von einer „modernen" Terrarienliebhaberei reden, denn ihnen, sowie den Veröffentlichungen einzelner hervorragender Terraristen in den Fachblättern ist es schließlich gelungen, all den alten Wust und alle die Rezepte, nach denen man bisher Terrarien „einrichtete" sowie Tiere „pflegte", als unbrauchbar und unnatürlich zu beseitigen und den Anfänger auf den richtigen Weg hinzuweisen. Allerdings darf man ja die Verfasser der früheren einschlägigen Werke nicht allzuscharf verurteilen, wenn sich in ihren Büchern mitunter ungenaue und unzutreffende Angaben finden. Sie hatten damals noch nicht das Beobachtungsmaterial zur Verfügung wie die jetzigen Liebhaber, denn Objekte, die heute stets für wenig Geld erhältlich sind, mußten 1875 noch sehr, sehr teuer bezahlt werden, oder waren lebend überhaupt nicht erhältlich.

Damals bestanden eben noch keine derartigen Importverbindungen, wie solche mit allen Herren Ländern anzuknüpfen es wohl zuerst den Bestrebungen des viel zu früh dahingeschiedenen I. Vorsitzenden des „Triton" Herrn Paul Nitsche gelungen ist. Der Terrarienfreund verdankt ihm, wie auch einzelnen rührigen Handlungen, daß es gelungen ist, zahlreiche und wertvolle Neuheiten für den Terrarienfreund einzuführen und dieselben durch niedrige Preise auch dem Einzelliebhaber zugänglich zu machen.'

Bisher fehlte nun dem Anfänger ein Buch, in dem er auch eine kurze Anleitung über die richtige dem heutigen Standpunkte der Liebhaberei entsprechende Pflege auch dieser mancherlei Einführungen fand.

Diesem Mangel soll das vorliegende Werkchen abhelfen und wenn es mir gelingen sollte, dadurch der Terrarienliebhaberei neue Freunde zu gewinnen, so ist der Zweck dieser Arbeit voll erreicht.

Breslau, Oktober 1903.

Der Verfasser.

# Einleitung.

Der Hauptfehler, welchen der Neuling in der Terrarienpflege begeht, ist der, daß er in einem Behälter alles mögliche zusammensperrt, ganz einerlei ob Reptil oder Lurche. Da hausen Frösche und Salamander neben Schildkröten, Schlangen und Echsen in allen Größen und in wenigen Tagen bietet das vorher noch so schön, wenn auch unzweckmäßig eingerichtete Terrarium ein trauriges Bild.

Zwei- oder dreimal wird derselbe Versuch wiederholt, zu den etwa noch lebenden Tieren werden neue, womöglich wertvolle Tiere hinzugekauft, doch der Mißerfolg bleibt derselbe.

Alles dies kann aber so leicht vermieden werden, wenn man sich die Natur selbst als erste Lehrmeisterin dienen läßt, bevor man ein Terrarium bepflanzt und mit Tieren besetzt. Man beobachte in erster Linie einmal das Freileben unserer heimischen Reptilien und Amphibien und man wird bald dahinter gekommen sein, wie man sich wirklich ein Stückchen „Natur im Hause" schaffen kann.

Um erfolgreich in der Terrarienliebhaberei tätig zu sein, ist es eben nötig, einen Hauptpunkt streng zu berücksichtigen:

Man suche den gefangen gehaltenen Tieren die Freiheit, soweit es nur irgend möglich ist, zu ersetzen.

Nur dann wird man Freude an der Sache erleben und stets neue Anregung zur Beobachtung, Pflege und Zucht auch empfindlicherer Arten empfangen.

Wer dagegen den Terrariensport von vornherein falsch handhabt, der wird bald ein Gegner desselben werden.

Man kann die Terrarien zweckmäßig in zwei Hauptgruppen einteilen:

in I. Reptilienterrarien,
II. Amphibienterrarien.

Für den Neuling in der Liebhaberei ist es sehr empfehlenswert, sich zunächst der Reptilienpflege zu widmen. Die Pflege der meist zarteren Amphibien bietet schon bedeutend größere Schwierigkeiten. Im folgenden behandeln wir also zunächst die Reptilienterrarien und deren Bewohner, insoweit sie für den Anfänger in Betracht kommen.

## I. Reptilienterrarien.

### a. Die Behälter.

#### α. Bauart und Heizmethoden.

Als Behälter kommt bei der Pflege und Beobachtung der Reptilien das kalte bezw. heizbare und für gewöhnlich trockene Terrarium in Betracht; nur Sumpfschildkröten und Panzerechsen werden in feuchten Warmhäusern untergebracht. Es läßt sich nicht leugnen, daß eine gewisse Luftfeuchtigkeit für alle Reptilien bekömmlich ist, doch gewöhne sich der Anfänger zuerst nur daran, im Allgemeinen sein Terrarium trocken zu halten und eine Luftfeuchtigkeit nur 2—3 mal wöchentlich durch Sprengen mit temperiertem Wasser zu erreichen. Das Erzielen eines ständigen, gleichmäßigen Feuchtigkeitsgrades lehrt erst eine längere Praxis.

Alle Reptilien lieben die Sonnenwärme ungemein und sind mit wenigen Ausnahmen echte Tagtiere.

Ihr Käfig muß daher derart gebaut sein, daß er von allen Seiten gut belichtet wird.

Diesen Punkt hat man bei der Herstellung zweckmäßiger Terrarien also zunächst zu beachten!

Was die Herstellung eines geeigneten Behälters anbetrifft, so kann derselbe sowohl aus Holz, wie auch vorteilhafter aus Blech bezw. Winkeleisen zusammengesetzt werden.

Selbstredend ist ein aus Blechstreifen oder Winkeleisen konstruiertes Terrarium erheblich teurer, als ein aus Holz gefertigtes.

Da aber nicht jeder in der Lage sein dürfte, 30—50 Mk. oder noch mehr für einen mittelgroßen Behälter auszugeben, so sei an dieser Stelle auch auf die billig herstellbaren Holzterrarien hingewiesen, die ebensolange wie jeder andere Behälter aushalten und ob ihrer Billigkeit für weniger bemittelte Liebhaber in erster Linie in Betracht kommen. Die nachstehende Skizze Fig. 1 zeigt ein solches Holzterrarium, welches überdies noch durch eine ganz einfache Vorrichtung heizbar ist und in dem Verfasser seit 2 Jahren mit bestem Erfolge Anolis, Stinke und Agamen hielt.

Der Behälter ist 45×25×50 Zentimeter groß und kostete komplett: 10 Mk.

Nach der Skizze wird man ihn leicht selbst anfertigen können oder noch besser, man läßt ihn von einem geschickten Tischler anfertigen.

Die Heizung ist auch leicht herstellbar. Es ist die von mir schon anderweitig öfters empfohlene teilweise Bodenheizung, mit der Neuerung, bezw. Vereinfachung, daß die untergestellten Oellämpchen die darüber lagernde Sandschicht direkt erwärmen, also nicht erst ein Wasserreservoir, welches erst dann die Wärme an den Sand abgiebt.

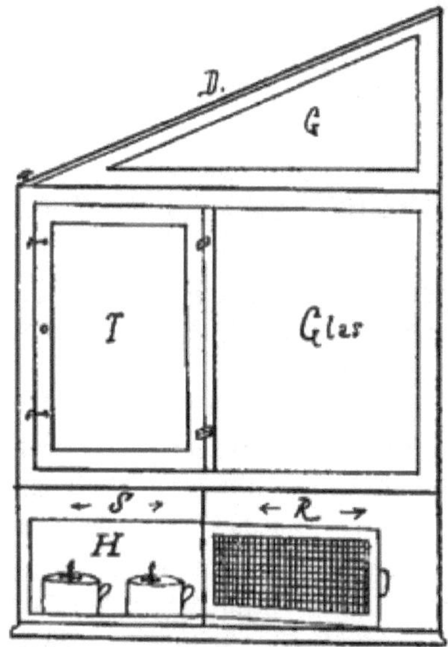

Figur 1. Heizbares Holzterrarium. S warmer Sand, R ungeheizte Fläche, H Heizraum.

Wie der Heizkasten, der aus Blech besteht (womöglich aus einem Stück!) eingebaut wird, ist ebenfalls aus der Skizze ersichtlich, eine umständliche Beschreibung daher unnötig. Zu bemerken ist noch, daß solche Holzbehälter zweckmäßig innen wie außen mit einem wiederholten Oelfarbenanstrich zu versehen sind.

Was die Herstellung zweckdienlicher Terrarien aus Metall anbetrifft, so haben sich solche auf folgende Weise hergestellte Behälter am besten bewährt:

Man läßt vom Klempner ein kastenartiges Blechstreifen bezw. Winkeleisengerüst anfertigen an dessen 4 Seiten in Blechstreifen gefaßte, entsprechend große Glasscheiben mit Charnieren befestigt werden.

Der Boden bestehe zweckmäßig aus einer entsprechend starken Eisenplatte, da man dann durch Unterstellen von Lampen ein so gebautes Terrarium leicht heizen kann.

Ferner muß jedes Terrarium einen gut schließenden Deckel besitzen, da mitunter der kleinste Spalt genügt, um Pfleglinge entweichen zu lassen.

Als Deckel erhält das Terrarium sehr vorteilhaft ein dachförmiges Gerüst, welches, aus schmalen Metallstreifen zusammen gesetzt, gleichfalls zur Aufnahme von Glasscheiben bezw. Drahtgaze eingerichtet ist.

Auf diese Weise erhält der Behälter von allen Seiten genügend Licht, vorausgesetzt natürlich, daß er einen entsprechenden Standplatz bekommen hat.

Am besten geeignet sind zur Aufstellung von Reptilienterrarien Fenster oder Balkons, welche mehrere Stunden am Tage der Sonne ausgesetzt sind.

Ohne Sonnenlicht und -Wärme führen sämtliche Reptilien nur ein Scheindasein und wird man sie nie lange erhalten! —

Der zweite Hauptfaktor, von dem das Gedeihen der Terrarienbewohner und -Pflanzen abhängt, ist die Möglichkeit einer ausgiebigen Durchlüftung. Ohne reichliche, tägliche Durchlüftung ist ein zweckmäßiges Terrarium undenkbar.

Um diese Durchlüftung zu erzielen, bringe man tagsüber, statt der Glasscheiben an den beiden, einander gegenüberliegenden Seitenwänden Drahtgazeplatten an, welche von denselben Charnieren gehalten werden, wie die Scheiben und vor allem auch gut schließen müssen. An sonnigen Tagen werden auch bei heizbaren Terrarien diese Gazeplatten eingesetzt, damit nie eine übermäßig hohe Temperatur durch Zusammenwirkung der Sonne und der Heizung entstehen kann. In den heißen Sommermonaten kann, wenn des Mittags die Sonne am höchsten steht, die Heizung unbeschadet für die Bewohner ganz unterbrochen werden. Nachts, sowie bei trübem Wetter werden die Glasscheiben wieder eingesetzt, um bei heizbaren Terrarien eine konstante Innentemperatur zu ermöglichen.

Bei anhaltend trübem Wetter genügt ein tägliches 2—3-stündiges Durchlüften.

Alljährig kommen jetzt durch Importeure (ganz besonders durch die rührige Firma Hans Stüve-Hamburg, sowie neuerdings auch durch Wilh. Krause in Krefeld) prächtige Reptilien aus den Tropenländern zu uns, welche jedoch zu ihrem dauernden Wohlbefinden einen erwärmten Behälter beanspruchen.

Infolgedessen ergab sich für den Terrarienpfleger die Notwendigkeit, seine Behälter mit Heizvorrichtungen zu versehen, wenn er nicht ganz auf die hochinteressante Pflege und Beobachtung der entweder herrlich gezeichneten, oder absonderlich gestalteten Tiere verzichten wollte.

Es sind nun in den letzten Jahren eine ganze Anzahl Heizmethoden konstruiert worden, von denen sich jedoch nur sehr, sehr wenige als dauernd brauchbar erwiesen.

Aus den z. Zt. gebräuchlichsten Heizmethoden greife ich hier nur einige heraus, die sich wirklich als praktisch bewährt haben und lasse ihre Beschreibung hier folgen. Weitere Methoden werden Interessenten in dem von mir in Verbindung mit Herrn Dr. Lossen bearbeiteten Werke „Reptilien und Amphibien in Gefangenschaft und Freiheit" finden, das voraussichtlich noch im Jahre 1904 in demselben Verlage erscheinen wird.

Am häufigsten ist wohl die von Herrn Lachmann-Berlin beschriebene Bodenheizung bei Liebhabern vorzufinden. Bei dieser Heizung werden unter ein Wasserreservoir von der Ausdehnung des Terrariumbodens Petroleum- oder Gasflämmchen gestellt, welche das im Reservoir befindliche Wasser erwärmen. Fig. 2. Das erwärmte Wasser giebt seinerseits wieder an die über ihm lagernde Bodenschicht Wärme ab; zuletzt wird dann die Luft des Behälters erwärmt.

Bei der Haltung gewisser Tropenreptilien, wie Uromastix, Varanen, Alligatoren rc., die ja an die innere Ausstattung ihrer Behausung die bescheidensten Ansprüche stellen, bewährt sich diese Methode ganz vortrefflich, jedoch ziemlich unverwendbar wird sie, wenn es sich um die Pflege von Anolis, Chamäleon, Dryophis, also ausgesprochener Baumtiere handelt.

Der stetig durchwärmte Boden macht jede Bepflanzung für die Dauer unmöglich und ohne ästige, belaubte Pflanzen ist widerum eine erfolgreiche Pflege der erwähnten Reptilien sehr in Frage gestellt.

Um aber doch eine Bepflanzung des Terrariums bei gleichzeitiger Bodenheizung möglich zu machen, konstruierte ich eine Heizung, die den Boden nur teilweise durchwärmt. Diese Heizung, die im Prinzip mit der vorerwähnten Methode genau übereinstimmt, nimmt zweckmäßig nur das mittelste Drittel des Bodenraumes ein, sodaß auch nur die mittelste Sandschicht gründlich durchwärmt werden kann. Bei kleineren Behältern halte ich das Einschalten eines besonderen Wasserreservoirs zwischen zu erwärmender Sandschicht und

Heizlämpchen für nicht nötig (siehe Skizze des Holzterrariums, Fig. 1), bei größeren Behältern ist es dagegen mehr zu empfehlen.

Da, wie gesagt, die ganze Vorrichtung meist genau in der Mitte des Behälters eingefalzt ist, bleibt der nicht heizbare Raum zu beiden Seiten der Wärmequelle zur Aufnahme von Pflanzentöpfen bezw. Wasserbecken frei. Hier wird die Bodenschicht höchst minimal erwärmt, sodaß bei täglichem Gießen die Pflanzen üppig gedeihen, regelmäßiges Lüften vorausgesetzt. Die eigentliche Heizung geschieht durch Nachtlichte in Oelbassins (bei kleineren Behältern), oder durch Gas (bei großen Behältern).

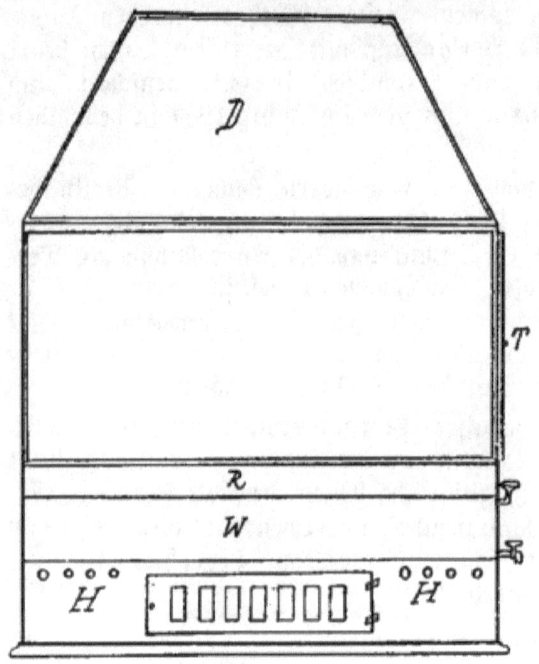


Figur 2. Terrarienheizung nach Lachmann bezw. von Fischer. H Heizraum, W Warmwasserreservoir, R Raum für Sandschicht, T Tür, D Gazedach.

Als sehr praktisch erwies sich auch das Heizen mit einer Petroleumrundbrennerlampe. Zu diesem Zweck bekam die Bodenplatte des Heizraumes einen kreisrunden Ausschnitt von ca. 6 Zentimeter Durchmesser. Das Terrarium selbst wurde nun auf einen geeigneten Tisch gestellt, der an der entsprechenden Stelle gleichfalls ein solches Loch besitzt. Unter der Tischplatte ist nun eine ca. 10 Zentimeter breite Latte so angebracht, daß der Cylinder der Lampe durch die beiden Löcher in den Heizraum hineinragt und so direkt das Wasser im Reservoir zum Sieden bringt.

Ein Dampfabzugsröhrchen m u ß übrigens an jedem Reservoir angebracht sein!

Eine gleichfalls höchst einfache Heizungsart mit vorzüglicher Wirkung ist für mittelgroße und große Terrarien die von Herrn Otto Tofohr-Hamburg erfundene Methode. Fig. 3.

Genannter Herr macht seine Behälter leicht auf folgende Weise heizbar:

Der Boden eines gewöhnlichen, also mit keiner sonstigen Heizvorrichtung versehenen Terrariums bekommt einen kreisrunden Ausschnitt von 8 Zentimeter Durchmesser. Ueber diese Oeffnung wird ein Blechcylinder von gleichem Durchmesser und 16 Zentimeter Höhe gestülpt, der jedoch keinesfalls zusammengelötet sein darf, sondern zusammengefalzt sein muß!

Dieser Cylinder wird am Boden über der runden Oeffnung befestigt, am besten auch eingefalzt und erhält einen 13 Zentimeter breiten und 25 Zentimeter hohen runden Schutzmantel aus Drahtgaze, welcher einer Schädigung von Tieren oder Pflanzen vorbeugen soll. Oben wird dieser Schutzmantel durch einen Blechdeckel abgeschlossen. Dieser Deckel hat den Zweck, zu verhindern, daß Futtertiere, Exkremente oder Moosteilchen auf die intensiv heiße Blechcylinderplatte fallen und bei ihrem allmählichen Verkohlen einen schädlichen Dunst entwickeln.

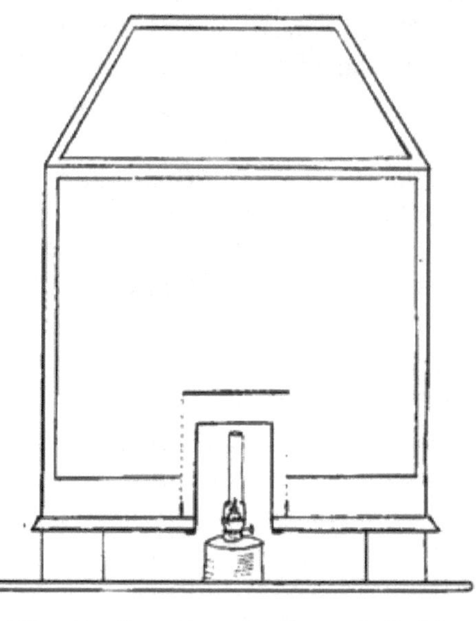

Figur 3. Terrarium heizbar nach Tofohr.

Um nun die Heizung in Betrieb zu setzen, wird eine brennende Petroleumlampe unter das auf Backsteine entsprechend hochgestellte Terrarium gestellt und zwar so, daß der Glascylinder der Lampe in den festgefalzten Heizcylinder zu dreiviertel hineinragt.

Die im Glascylinder aufsteigende heiße Luft durchglüht nun den Blechcylinder und dieser strahlt seinerseits die Wärme direkt in das Innere des Terrariums aus.

Verstellt man den Schutzmantel im Behälter mit einem entsprechend gebogenen Zierkorkstück, so ist von der ganzen Anlage nichts wahrzunehmen. Auch die unter dem Terrarium stehende Lampe kann dem Auge des Beschauers durch eine Stoffdraperie an der Vorderseite leicht entzogen werden. Zu bemerken bleibt noch, daß die Lampe nicht zu hoch geschraubt werden darf, da eine Rußentwickelung dann unausbleiblich wäre und die Lampe zum Erlöschen bringt.

Jedenfalls ist die eben beschriebene Methode, mit der sich 25—30 Grad Celsius Wärme mit Leichtigkeit erzielen lassen, eine so vorzügliche, daß sie jedem, der heizbare Terrarien benötigt, aufs beste empfohlen werden kann.

Schließlich wären noch die für Sumpfschildkröten und Panzerechsen in Betracht kommenden Behälter, die Aquaterrarien zu erwähnen. Es sind dies Behälter mit möglichst großem Wasserteil und verhältnismäßig kleinem Landteile.

Die in den einschlägigen Geschäften erhältlichen Behälter dieser Art sind meist sehr teuer, es folgt daher hier zunächst die kurze Beschreibung eines praktischen und recht einfachen Aquaterrariums, das man sich aus jedem Aquarium schnell herrichten kann.

In ein, nehmen wir an 60×35×40 Zentimeter großes Aquarium wird ein Blechkasten von 15 Zentimeter Höhe gesetzt, welcher an einer Seite schräg nach dem Wasserteile zu abfällt, mit seinen anderen drei genau senkrechten Seiten aber eng an die ihn umgebenden Glasscheiben des Aquariums gerückt ist.

Dieser Kasten, welcher den Landteil vorstellt, wird mit Kies angefüllt auf den vielleicht noch ein krumm gebogenes Zierkorkstück zu liegen kommt, um den Tieren einen Unterschlupf zu gewähren.

Die genauen Maße des Einstellkastens bei diesem Behälter wären:

Höhe 15 Zentimeter.
Breite 34,5 Zentimeter.
Länge 20 Zentimeter am oberen Rande.
„ 35 Zentimeter am unteren Rande.

Die ins Wasser schräg abfallende Seite wird stets mit Cement bestrichen, in den noch kleinere, spitze Steinchen 2c. eingedrückt werden, um den Tieren das Heraussteigen aus dem Wasser zu erleichtern.

In einer Ecke des Aquateiles ist ein ziemlich weithalsiges Abflußrohr angebracht, um den nach jeder Fütterung vorzunehmenden Wasserwechsel recht schnell vor sich gehen zu lassen.

Bei einer Reinigung des ganzen Behälters wird der Landteil einfach herausgehoben.

Das Aquarium, welches keinen Holzboden von der Stelle ab haben darf, wo der Landkasten aufhört, wird auf 10 Zentimeter hohe Ziegelsteine gestellt und durch zwei bis drei untergeschobene Oelbassins mit je einem Nachtlichte geheizt.

Den ganzen Behälter bedeckt man entweder mit einer Gazeplatte oder man läßt sich ein passendes Dach anfertigen.

Die im Handel bereits fertig erhältlichen Aquaterrarien sind gewöhnlich so konstruiert, daß die Bodenoberfläche des Terrateiles erheblich niedriger liegt als das Niveau des Wassers im Aquateile.

Solche Behälter sind nach demselben Prinzip wie gewöhnliche Terrarien gebaut, doch empfiehlt es sich bei einer Neuanfertigung, dieselben etwas langgestreckter (z. B. 50 Zentimeter breit, 100 Zentimeter lang) bauen zu lassen um den Wasserteil nicht zu klein zu erhalten. Durch eine ziemlich starke Schiefer- oder Rohglasplatte wird der Behälter in zwei Teile geteilt. Diese Trennungsplatte läuft zweckmäßig in genau passenden Falzen und wird überdies noch fest eingekittet, damit bei der späteren Füllung des einen Teiles mit Wasser nicht etwa ein Undichtwerden des Wasserteiles eintreten kann. Selbstredend müssen auch die das Wasser umschließenden Scheiben auf das sorgfältigste eingekittet sein.

Die Scheiben des Terrateiles laufen zweckmäßig in Falzen oder werden mit Charnieren von außen befestigt. Alle Scheiben, die auf diese Weise befestigt werden, sind vorher in Blechstreifenrahmen einzufassen.

Der Aquateil muß ein recht weites Abflußrohr besitzen, der Terrateil mit gehöriger Durchlüftungsvorrichtung versehen sein. Sowohl in den einen, wie in den anderen Teil müssen geräumige Türen führen.

Der Terrateil erhält die übliche Terrarieninneneinrichtung und als Bodenbelag feinen Kies, oder Moos und Sand (für Lurche).

Der Aquateil bleibt möglichst schmucklos und erhält vor allem keinen Bodengrund, höchstens eine saubere Sandschicht. Etwas Abwechslung kann man ja dadurch schaffen, daß man auf dem noch zu beschreibenden Uebergangsfelsen Tradescantia, eine sehr dankbare Schlingpflanze so einsetzt, daß einzelne Triebe ins Wasser wachsen. Unser allerorts zu findendes Pfennigskraut wird auch gut weitergedeihen.

Da wie schon gesagt der Terrarienkiesboden bedeutend tiefer liegt, als das Wasserniveau, so ist es nötig, das von einem Teil zum anderen ein Uebergang geschaffen wird. Das geschieht durch einen Felsaufbau, welches vom Terrateil beginnend schräg an der Scheidungswand ansteigt, oben ein schmales Plateau bildet und dann ziemlich steil in das Wasser abfällt, jedoch so, daß die im Wasser weilenden Tiere dasselbe stets leicht verlassen können. Ebenso nehme man beim Anbau des Weges nach dem Wasser darauf Rücksicht, daß dieser nicht an die Kletterfähigkeit der Tiere zu große Ansprüche stellt, da es sich doch meist um plumpere Tiere, als Schildkröten oder Molche handeln wird.

Der Landteil der Aquaterrarien kann sowohl als trockenes oder auch als feuchtes Terrarium eingerichtet werden, je nach der Art der Besetzung. Für Alligatoren eignen sich diese Behälter jedoch wenig! Die Scheidewand hat bei einer Höhe des Behälters von z. B. 60 Zentimeter (bis zum Dachrande!) eine solche von 40 Zentimeter.

## b. Inneneinrichtung der Behälter.

Wir kämen nunmehr zur inneren Einrichtung, bezw. Bepflanzung der Reptilienterrarien.

Wie schon vorher betont wurde, ist es von unbedingter Notwendigkeit, den gefangen gehaltenen Pfleglingen nach Möglichkeit die Natur zu ersetzen.

Um den Lebensgewohnheiten der einzelnen Individuen am besten Rechnung tragen zu können, ist es sehr vorteilhaft, in einem Terrarium nur Vertreter einer Gattung zu pflegen und ihnen dann den Behälter entsprechend einzurichten.

Den zierlichen Eidechsen wird man also durch Felspartieen und knorriges Geäst Klettergelegenheit bieten, während wieder Schlangen und Baumechsen ästige und auch belaubte Pflanzen bevorzugen. Den Wühlechsen biete man eine reichlich hohe, aber möglichst staubfreie Sandschicht zum Wühlen, den Sumpfschildkröten und Panzerechsen ein geräumiges und stets peinlich sauber zu haltendes Wasserbecken.

Gewöhnlich strebt aber gerade der Anfänger im Terrariensport danach, eine recht bunte Gesellschaft in einem Behälter zusammenzuhalten.

Bei der nötigen Sorgfalt wird er ja auch damit Erfolg haben, doch ist jedenfalls das gesonderte Halten der Reptilien mehr zu empfehlen!

Aus der folgenden Schilderung der einzelnen Vertreter der großen Reptiliengruppe, wird sich der Anfänger leicht orientieren können, was zum Zusammenhalten in „Gesellschaftsterrarien" geeignet ist und mag danach seine Auswahl treffen.

Zur Bodenfüllung aller Terrarien, in denen vorwiegend landbewohnende Reptilien gepflegt werden sollen, empfehle ich zu unterst eine schmale Schicht groben Kies und darüber eine entsprechend hohe Schicht sauberen d. h. staubfreien Sand oder feinen Kies zu nehmen. Pflanzen bringt man mit Töpfen in den Behälter und werden selbige in die Sandschicht eingebettet. Um dem Wühlen gewisser Echsen in der Erde des Topfes erfolgreich entgegenzutreten, versehe ich in meinen Behältern jeden Napf mit einer entsprechend großen, runden Drahtgazeplatte, die in der Mitte einen kreisrunden Ausschnitt hat und um den Teil der betreffenden Pflanze gelegt wird, welcher gerade aus dem Boden herausragt. Diese Platte gestattet das Gießen vollständig, verhindert aber sicher ein Aufwühlen des Bodengrundes, zumal wenn noch der überstehende Rand der Gazeplatte nach unten um den Rand des Blumentopfes gebogen wird.

In solchen Terrarien, welche zur Pflege von Panzerechsen und Sumpfschildkröten dienen, rate ich entschieden, nur groben bezw. feineren Kies (letzterer ist auch in Echsenterrarien an Stelle des Sandes recht praktisch!) zur Bodenfüllung des kleineren Landteiles zu verwenden. Feiner Sand wäre hier sehr unangebracht, da er den Tieren, die sich doch vorwiegend im Wasser aufhalten, bei ihrem Landaufenthalt stets an dem nassen Körper anhaftet und ihnen nicht selten große Beschwerden bereitet, wenn er beispielsweise in die Augen gerät.

Wenn bei Behältern, in denen Sumpf-Schildkröten und Panzerechsen gehalten werden, die Inneneinrichtung vorteilhaft so primitiv, wie nur möglich sein soll, so ist dem Besitzer von Echsenhäusern in der geschmackvollen Inneneinrichtung seiner Terraien der weiteste Spielraum gegeben.

Knorrige Aeste, grotesk gewundene Baumwurzeln und vor allen Zierkorkrindenstücke lassen sich zu schönen Gebilden zusammenstellen, die einerseits auf den Beschauer einen eigentümlichen Reiz ausüben, andererseits wieder den flinken Echsen die schönste Gelegenheit bieten, sich auszutummeln. Diese Klettergelegenheit kann bis direkt unter das Dach gehen, um den Raum auch gehörig auszunützen.

Die Bodenoberfläche hält man jedoch wieder möglichst frei. um auch hier Tummelplätze zu schaffen. Eine Tuffsteingrotte ist nur bei geräumigen Behältern angebracht, in kleineren nimmt sie zu viel Raum weg und ist dann der Totaleindruck kein besonders schöner. Auf dem Boden hier und da verstreut liegende Bimsteinstücke nehmen sich dagegen ganz gut aus.

Auf den Wert des billigen Zierkorkes möchte ich hier nochmals hinweisen! Abgesehen von seiner prächtig decorativen Wirkung, ersetzt er ob seiner Leichtigkeit den schweren Tuffsteinfelsen vorzüglich. Für 50 Pfg. erhält man in einschlägigen Geschäften schon mehr als genügend davon, um ein mittelgroßes Terrarium sehr schön auszustaffieren.

Was die Bepflanzung der Terrarien anbelangt, so gehen darin die Meinungen erfahrener Terrarienpfleger weit auseinander. Der eine hält Pflanzenschmuck im kalten, wie auch im heizbaren Terrarium für möglich und vorteilhaft, der andere wieder hält jegliche Bepflanzung, vor allem bei heizbaren Behältern für zwecklos. Für nicht heizbare, gut ventilierte Terrarien empfehle ich alle kräftigen Blattpflanzen, die auch im Zimmer keiner besonderen Pflege bedürfen, also: Die Plectogyne, Pelargonie, die rankende Passionsblume, kriechende Feige (Ficus repens), sowie die Kugel-, Säulen und Blattkakteen, Euphorbien und Aloearten. Für heizbare Terrarien sind diese Pflanzen nur dann empfehlenswert, wenn sie

1. nicht in direkt erwärmtem Boden stehen,
2. regelmäßig und mehr oder weniger ausgiebig gegossen und besprengt werden.

Unter denselben Bedingungen wird man auch mit dem Goldlorbeer sowie auch mit dem Philodendron (Ph. pertusum) guten Erfolg haben. Desgleichen auch mit der sehr dankbaren Reineckia und dem Schlangenbart (Ophiopogon).

Die Pflege der stets in Töpfen einzubringenden Pflanzen beschränkt sich neben regelmäßigem Sprengen und Gießen auf ein Abschneiden welker Blätter, sowie zeitweises Düngen mit dem im Handel erhältlichen Pflanzendünger.

Beschatten bei greller Sommermittagssonne durch Vorstellen von Papptafeln oder Verhängen der Terrarienvorderseite mit dunklen Tüchern ist für Pflanzen wie Tiere eine gleich große Wohltat.

## 2. Die Bewohner der Reptilienterrarien.

### a. Schildkröten.

Wir teilen, um eine für unsere Zwecke vorteilhafte Einteilung zu erhalten die Schildkröten in 2 Hauptgruppen ein, und zwar in

1. wasserbewohnende,
2. landbewohnende Schildkröten.

Zunächst wollen wir uns mit den vorwiegend das Wasser bewohnenden Schildkröten näher befassen.

In diesem Werkchen führe ich jedoch nur diejenigen Arten an, welche für den Anfänger empfehlenswert erscheinen. Gewisse seltene, sowie heikle Arten übergehe ich hier ganz.

Alle Sumpfschildkröten gehören am zweckmäßigsten in ein Aquaterrarium; nur ganz kleine Individuen mögen, wenns anders nicht geht, in Terrarien mit geräumigem Wasserbecken Unterkunft finden.

Im Großen und Ganzen kann dem Anfänger, besonders wenn er ein Aquaterrarium mit sonnigem Standplatz besitzt, die Pflege der Sumpfschildkröten unbedenklich empfohlen werden, denn mit Ausnahme vereinzelter Individuen gehen Sumpfschildkröten sehr leicht ans Fressen und sind vor allem dabei nicht halb so wählerisch, wie manche Echse oder gar Schlange.

Als Nahrung reicht man den Schildkröten rohes oder gekochtes, sehnenfreies Fleisch, Regen- oder Mehlwürmer, kleine Fische, Frösche oder gewissen Arten Vegetabilien. Für Sumpfschildkröten ist also auch ein abwechselungsreiches Futter schnell beschafft.

Eine 2—3malige, ausgiebige Fütterung in der Woche genügt des Sommers vollauf, im Winter sogar eine einmalige.

Da der Anfänger allen Sumpfschildkröten ihr Futter nur im Wasser bieten soll, mache er es sich von Anfang an zur Regel, nach jeder Fütterung das alte Wasser abzulassen und nach Säuberung des Wasserteiles gleichtemperiertes, sauberes nachzufüllen. Auf diese Weise wird man stets seine Tiere bei guter Gesundheit erhalten und werden Verluste relativ selten sein.

Bei fast allen Schildkröten wird der Anfänger eine ihn befremdende Wahrnehmung beim Eintritt der kalten Jahreszeit machen:

Die bisher regsamen und freßlustigen Tiere werden träge und die Freßlust ist ganz bedeutend herabgemindert, ja es wird sogar Wochen lang überhaupt jede Nahrungsannahme verweigert.

Dies ist ein ganz normaler Vorgang, da für die Tiere mit Anfang der Wintermonate eine Art Winterruhe beginnt. Man begnüge sich daher, die Tiere in längeren Zwischenräumen zur Futterannahme zu bewegen, belasse sie aber sonst in ihrer gewöhnlichen Behausung, welche nunmehr in einem frostfreien Zimmer Aufstellung finden möge. Die Ueberwinterung von Sumpfschildkröten in den, mit Moos angefüllten Ueberwinterungskästen halte ich für nicht so vorteilhaft, wie das Ueberwintern im Behälter selbst.

Seltenere oder weichlichere Schildkröten wird man sich so wie so hüten, im kalten Raume in Erstarrung fallen zu lassen.

Es genügt eben vollauf, wenn das Wasser des Aquateiles etwas kühler als sonst gehalten wird, auf dem Terrateile durch Mooshaufen Versteckgelegenheit geboten wird.

Beim Einkaufe von Sumpfschildkröten achte man vor allem darauf, daß die Tiere gesunde, klare Augen haben und ferner die Fähigkeit besitzen, sofort untertauchen zu können, wenn sie ins Wasser geworfen werden.

Im folgenden kommen wir nunmehr zur Besprechung der einzelnen Arten.

Emys orbicularis, die europäische Teichschildkröte ist eines der jedem Naturfreunde bekanntesten Objekte. Leider fällt dieses schöne Tier alljährlich zu Hunderten der Unvernunft und Unkenntnis aller derer zum Opfer, die zwar Schildkröten „halten" wollen, aber von einer richtigen Behandlung dieser Tiere keine Ahnung haben.

Für alle Anfänger im Terrariensport wiederhole ich hier nochmals ausdrücklich, allen ihren Sumpfschildkröten das Futter stets im Wasser zu reichen, da es fast allen Arten unmöglich ist, außerhalb des Wassers Nahrung zu sich zu nehmen. Wie überhaupt alle Schildkröten, liebt Emys orbicularis die Sonnenwärme ungemein und entfaltet dann erst ihre volle Beweglichkeit, wenn ihr die Sonne so recht auf den Panzer brennt.

Ich möchte aber noch bemerken, daß bei direkt von der Sonne bestrahlten Behältern, seien es solche für Schildkröten oder andere Reptilien, für eine ausgiebige Durchlüftung zu sorgen ist, da sonst ein ganzer Tierbestand binnen kurzer Zeit an Hitzschlag verenden kann!

Die Grundfärbung der europäischen Sumpfschildkröte ist ein mehr oder weniger intensives Schwarz bei älteren Tieren und meist Grau bei jungen Exemplaren vòn Markstückgröße. Kopf, Füße und Rückenschild sind schwarz und mit gelben Punkten, Strichen oder Flecken geziert.

Neben Fleischnahrung verschmähen unsere Sumpfschildkröten auch ab und zu gereichte Wasserpflanzentriebe oder Salatblätter nicht.

Im Handel ist diese Schildkröte stets von 2—25 Zentimeter Schalenlänge für wenig Geld erhältlich. Teurer dagegen ist ihre nordamerikanische, einzige Gattungsverwandte die Emys Blandingii, von der Exemplare bis zu 40 Zentimeter Schalenlänge nicht allzu selten sind. Ein von Stüve mir übersandtes Exemplar dieser Größe zeigte eine intensive schwarze Färbung des Rückenschildes und der Extremitäten bei schön gelben Backenflecken sowie gelber Kopfunterseite und gelben Augenlidern und rotgelbem Halse. Unterseite gleichfalls gelb mit schwarzem Fleck auf jeder Platte. Ein von der gleichfalls bedeutenden Firma Jul. Reichelt, Berlin, stammendes, kleines Tier wies dieselbe Färbung auf.

Absonderlich gestaltet und von düsterer schlammgrauer bis brauner Färbung sind die Alligatorschildkröten (Chelydra serpentina) aus Nordamerika. Figur 4.

Der lange Schwanz, der nicht selten länger als die Schale ist erinnert sehr an den eines Alligators. Für den Privatliebhaber sind namentlich kleinere Exemplare von 3—5 Zentimeter Schalenlänge sehr empfehlenswert, zumal auch kleinere Individuen leichter ans Fressen gehen als große dieser Art. Chelydra serpentina stand früher in dem Rufe großer Bissigkeit, doch sind diese Angaben als etwas übertrieben zu bezeichnen.

In Gefangenschaft dauert diese Art gut aus, ist schon in kleineren Exemplaren sehr gefräßig und nicht übertrieben wärmebedürftig.

Im Handel ist sie fast stets zum Preise von 3—5 Mk. in kleinen Exemplaren erhältlich.

Was Bissigkeit anbelangt, steht allen anderen Schildkröten die Moschusschildkröte (Cinosternon odoratum) voran. Selbst winzige Exemplare von 2 Zentimeter Schalenlänge reißen schon bei bloßem Anfassen weit das kleine Maul auf und suchen empfindlich in die Finger zu kneifen. Die Moschusschildkröte verläßt das Wasser sehr selten, entwickelt aber zu Wasser wie zu Lande eine geradezu verblüffende Schnelligkeit. Auch diese Art, die bei guter Fütterung schnell heranwächst, dauert lange in Gefangenschaft aus. Schildkröten von

Figur 4. Alligatorschildkröte (Chelydra serpentina).

herrlicher Zeichnung sind die Vertreter der Gattung Chrysemys. Es wird jeden Beschauer entzücken, wenn er diese farbenprächtigen Tiere in einem Aquaterrarium bei Sonnenschein sich tummeln sieht.

Da wäre zunächst die gemalte Sumpfschildkröte (Chrysemys picta) zu nennen, welche der bekannte Herpetologe Herr Paul Kammerer-Wien zu den „prächtigsten und lebhaftesten Schildkröten überhaupt" zählt.

Ein sattes Rot der gestreiften Füße steht in einem schönen Kontrast zu den hellgelben Wangenstreifen.

Andere nicht minder schöne Zierschildkröten sind die Chrysemys ornata sowie Chrysemis irrigata, letztere mit schöner symmetrischer Zeichnung der Bauchunterseite.

Die jungen Zierschildkröten sind etwas empfindlicher als die vorhergenannten Arten und ist ihnen eine möglichst gleichmäßige Temperatur von 22 Grad Celsius sehr zusagend.

Kleinere Exemplare sah ich mit Vorliebe Fliegen fressen, die ihnen aufs Wasser geworfen wurden. Rindfleisch ist ihnen weniger bekömmlich.

Eine ebenfalls farbenprächtige und überdies noch durch die eigenartige Gestaltung des Rückenschildes interessante Schildkröte, ist die bengalische Dachschildkröte (Kachuga tectum). Fig. 5. Während die Oberseite dieses Tieres im Allgemeinen ein schönes Olivgrün zeigt, das durch einen längst der Höcker laufenden gelbrosa Streifen unterbrochen wird, zeigt die Unterseite des Tieres ein herrliches Gelb mit rosa und schwarzen Flecken. Neben fleischlicher Kost nimmt dieses übrigens gegen Kälte und Zugluft besonders empfindliche Tier, auch sehr gern Pflanzennahrung zu sich.

Figur 5. Dachschildkröte (Kachuga tectum).

Der Preis vom Kachuga tectum schwankt zur Zeit zwischen 3 und 6 Mk. ungefähr.

Exemplare von mehr als 8 Zentimeter Schalenlänge dürften selten sein.

Seit einigen Jahren wird aus Hinterasien eine ganz ansprechend gezeichnete Schildkröte in Mengen bei uns eingeführt und schon billig abgegeben. Es ist dies die Buckelschildkröte (Dammonia reevesi) Fig. 6 in ihrer Heimat allgemein verbreitet. Auch diese Art, die sich durch drei flache Längsfurchen des chocoladenbraunen Rückenpanzers mit gelben Schilderrändern ausgezeichnet, verdient dem Neuling im Terrariensport empfohlen zu werden.

Dieselbe Empfehlung verdienen auch drei Vertreter der Gattung Clemmys und zwar: Cl. caspica, Cl. japonica, sowie die nordwestafrikanische Cl. leprosa. Diese sind geradezu unverwüstlich, denn sie dauern auch unter den ungünstigsten Lebensbedingungen noch aus.

Von anderen, seltener importierten Schildkröten, wären noch zu nennen die Sternothaerus-Arten, deren Gesichtsausdruck mit mopsähnlich sehr treffend bezeichnet wurde, ferner die Schlangenhalsschildkröten Hydromedusa tectifera und Chelodina longicollis mit sehr langem, äußerst beweglichem Hals, sowie die Schlangenkopfschildkröten (Hydraspis hilarii). Letztere dürften zwar dem Einzelliebhaber seltener zugänglich sein, gehören aber in Gefangenschaft zu den haltbarsten Arten überhaupt.

Figur 6. Chinesische Buckelschildkröte (Dammonia reevesi).

Aus der Familie der Dreiklauer oder Trionychiden nenne noch: Trionyx ferox und Tr. sinensis, deren Rückenpanzer nicht mit Platten bekleidet ist, sondern aus einem lederartigen glatten Ueberzuge besteht. Diese, übrigens sehr bissigen Chelonier wühlen sich unter Wasser gern in Sand ein, aus dem sie dann nur die rüsselförmige Schnauze hervorstrecken.

Die Uebergangsform der wasserbewohnenden Schildkröten zu den landbewohnenden vertritt die Dosenschildkröte (Cistudo). Am häufigsten ist noch die Cistudo carolina im Handel erhältlich.

Das langsame, träge Wesen des Tieres, sowie das hochgewölbte Rückenschild erinnern schon an die eigentlichen Landschildkröten, während die vorwiegend aquatische Lebensweise, sowie das Verschmähen jeglicher Pflanzennahrung auf die echten Wasserschildkröten hinweist.

Cistudo-Arten waten gern im seichten, höchstens 8—10 Zentimeter tiefen Wasser umher, in tieferem würden sie leicht zu Grunde gehen. Darauf nehme man also Rücksicht. —

Wir wenden uns nunmehr der Gruppe der echten Landschildkröten zu, d. h. denjenigen Arten, welche freiwillig wohl nie ins Wasser gehen, sondern einen warmen, sonnigen und vor allem trockenen Aufenthaltsort bevorzugen. In Gefangenschaft gehaltene Landschildkröten sind also im trockenen beziehungsweise heizbaren Terrarium unterzubringen.

Da die Landschildkröten vorwiegend Vegetarianer sind, besteht auch ihr Futter in Gefangenschaft in pflanzlichen Stoffen, also Salatblättern, süßem Obst, Blättern vom Löwenzahn und dgl. mehr.

Ferner nehmen sie gern in Milch eingeweichte Semmel, sowie einzelne Individuen auch mit Vorliebe Mehlwürmer.

Im Allgemeinen stehen die Landschildkröten in geistiger Beziehung bedeutend tiefer als die Sumpfschildkröten.

Auch was Regsamkeit anbelangt, stehen sie diesen ganz erheblich nach, einzelne von ihnen sind geradezu langweilige Gefangene.

Sehr zuträglich ist allen Landschildkröten von Zeit zu Zeit ein lauwarmes Bad, welches die Verdauung befördert.

Wasser trinken sie selten, da ja die pflanzliche Nahrung die nötige Feuchtigkeit enthält. Trotzdem tut man aber gut, ihnen zeitweilig einen Napf mit angewärmtem Wasser zu bieten. Vor Zugluft sind alle Landschildkröten ängstlich zu hüten.

Die bekannteste aller Landschildkröten ist die griechische (Testudo graeca), mit hochgewölbtem, starkem Rückenschild, das bei düstergelber Grundfarbe schwarze Flecken aufweist. Für billigen Preis ist sie stets im Handel erhältlich, von Talergröße bis zu riesigen Exemplaren von 35—40 Zentimeter Schalenlänge. Schon nach kurzer Gefangenschaft fressen die griechischen Landschildkröten dem Pfleger aus der Hand.

Eine nahe Verwandte von Testudo graeca ist die lebhafter gefärbte Testudo ibera aus Syrien. Figur 7.

Von ihrer griechischen Verwandten ist sie leicht durch das Vorhandensein zweier an den Hinterfüßen befindlicher Warzen zu unterscheiden, welche der T. graeca fehlen.

Zwei ziemlich teure, aber prächtig gezeichnete Testudiniden sind Testudo elegans und radiata aus Indien bezw. Afrika.

Der deutsche Name Stern- oder bei radiata Strahlenschildkröte kennzeichnet das Aussehen der Tiere, die einen halbkugelförmigen, starken Rückenpanzer besitzen, zur Genüge: eine prächtige stern- bezw. strahlenartige Zeichnung bedeckt alle Rückenschilder. Die letzten drei beschriebenen Arten gehören, wie auch die zwei folgenden ins geheizte Reptilienterrarium.

Aeußerst träge, langweilige Schildkröten sind die Gelenkschildkröten, von denen ich zwei Cinixys belliana, sowie C. homeana lange

Figur 7. Syrische Schildkröte (Testudo ibera).

in Gefangenschaft hielt. Die Gelenkschildkröten besitzen die Fähigkeit, die hintere Hälfte des Rückenpanzers gegen den Bauchpanzer zu pressen. Eigentümlich ist ihr stelzenhafter Gang, sie gehen direkt auf den Nägeln der Pfoten und waten mitunter (selten!) in warmen, seichtem Wasser umher. C. homeana liegt mitunter tagelang mit völlig eingezogenen Gliedmaßen wie tot auf einer Stelle.

Viel Abwechselung wird man an den langweiligen, überdies auch recht wärmebedürftigen Tieren nicht haben.

In ihrer Färbung erinnern sie an Testudo graeca.

## b Echsen.

Während ein nur mit Schildkröten besetzter Behälter im Allgemeinen ein Bild beschaulicher Ruhe bietet, herrscht in jedem Echsenterrarium äußerst reges Treiben, eine angemessene Innentemperatur des Behälters natürlich vorausgesetzt. Eine möglichst reiche Ausstaffierung des Echsenterrariums mit Geäst und Zierkork ist vor allem geboten, um dem Bewegungsdrang der Tiere gehörig Rechnung tragen zu können.

Es gewährt einen reizenden Anblick, wenn man die zierlichen, meist schön gefärbten Lazerten hin und her huschen sieht, bald nach einer im Käfig befindlichen Fliege springend, bald einen glitzernden Wassertropfen aufleckend. Wenn die Sonne so recht den Behälter bestrahlt, oder der Boden gehörig von der Heizung durchwärmt ist, dann sieht man oft, wie die Echsen ihren Körper flach abplatten, um die wohltuende Wärme förmlich in sich aufzusaugen. Die Füßchen werden dann zuckend in die Höhe gehoben. Von großem Vorteile ist es, alltäglich das Echsenterrarium innen mit einer Brause zu besprengen, da die an den Scheiben oder Aesten haftenden Wassertropfen gern von den Insassen des Behälters aufgeleckt werden.

Im Wasserbecken, welches hier übrigens nicht groß bezw. tief zu sein braucht, löschen die Echsen dann seltener ihren Durst.

Als Universalfutter reiche man allen Echsen mit Ausnahme ganz besonders zarter Arten, Mehlwürmer, mit denen man, wie mir auch durch Herrn Otto Tofohr-Hamburg, einen erfahrenen Reptilienpfleger, bestätigt wurde, gesunde Eidechsen geradezu mästen kann. Nebenbei reiche man seinen Pfleglingen Küchenschaben, so viel man nur beschaffen kann.

Diese sind zur Zeit das beste, weil leicht verdaulichste Reptilien- wie Amphibienfutter!

Wem es seine Zeit erlaubt, der fange durch Abstreifen von Gräsern und Büschen mit Netzen auch allerlei kleinere Käfer, Spinnen und Fliegen zusammen, da Abwechselung im Futter bei der Echsenernährungsfrage von großer Wichtigkeit ist.

Im Großen und Ganzen genügen aber Mehlwürmer und Schaben völlig; auch beim Verfüttern von Heupferdchen oder sogen. Grashüpfern haben erfahrene Echsenpfleger noch keine nachteiligen Folgen wahrnehmen können.

Sehr notwendig, ja für alle Vertreter der Gattung Lacerta unerläßlich, ist ein mindestens 2—3 monatlicher Winterschlaf.

Hierzu bringe man die Tiere unter Berücksichtigung ihrer Verträglichkeit bei Eintritt der Wintermonate in einer oder mehreren halb mit feinem Sand, halb mit trockenem Moos angefüllten Kisten unter, welche so verschlossen sind, daß sie zwar der Luft ungehindert Zutritt in das Innere ermöglichen, trotzdem aber ein Entweichen der Tiere unmöglich machen. Diese Kistchen werden in einem hellen, kühlen, jedoch durchaus frostfreiem Orte aufgestellt und von Zeit zu Zeit kontrolliert. Um die in Erstarrung gefallenen Tiere wieder zu voller Beweglichkeit zu erwecken, bringt man sie ganz allmählig, niemals aber plötzlich, in ein geheiztes Zimmer und erst, wenn sie völlig erwacht sind, in das zweckmäßig auf 22—25 Grad C. erwärmte Terrarium. Ein 2—3-monatlicher Winterschlaf genügt wie gesagt vollauf, um den Tieren diese zu ihrer Erhaltung höchst notwendige Ruhezeit zu bieten.

Zu erwähnen bliebe noch, daß eine höhere Temperatur im Terrarium wie 30 Grad C. für kein Reptil vonnöten ist, doch soll das Thermometer auch bei exotischen Arten nie unter 16 Grad C. sinken, da sonst Erkältungen die natürliche Folge wären.

Plötzliche Temperaturstürze sind für alle Reptilien lebensgefährlich! Trink- und Badewasser muß in heizbaren Terrarien oder bei warmem Wetter stets angewärmt gereicht werden.

Die behenden Eidechsen, von denen unsere Zauneidechse (Lacerta agilis) und die lebendiggebärende Mooreidechse (Lac. vivipara) keinem Reptilienfreunde unbekannt sein werden, dürften in keinem halbwegs räumlichen Reptilienterrarium fehlen. An allen sonnigen Abhängen ist Lacerta agilis zu finden und bei einigem Geschick auch leicht zu fangen. Die Färbung dieses bis 20 Zentimeter lang werdenden Tieres wechselt ungemein von Grau oder Braun mit Grün. Ihre Haltung im Terrarium dürfte jedoch dem Anfänger nicht so leicht werden, wie die manches exotischen Tieres. Die Ueberwinterung glückt auch dem erfahrenen Reptilienfreunde nicht häufig.

Kleiner und auch seltener zu finden ist die Lacerta vivipara mit rötlichem Bauche beim Männchen und blaßrotem bis blaßblauem Bauche beim Weibchen.

Dieses Tierchen liebt schattige, feuchte Plätze und geht mitunter auch ins Wasser. Im trockenen Terrarium wird sie sich zumeist in

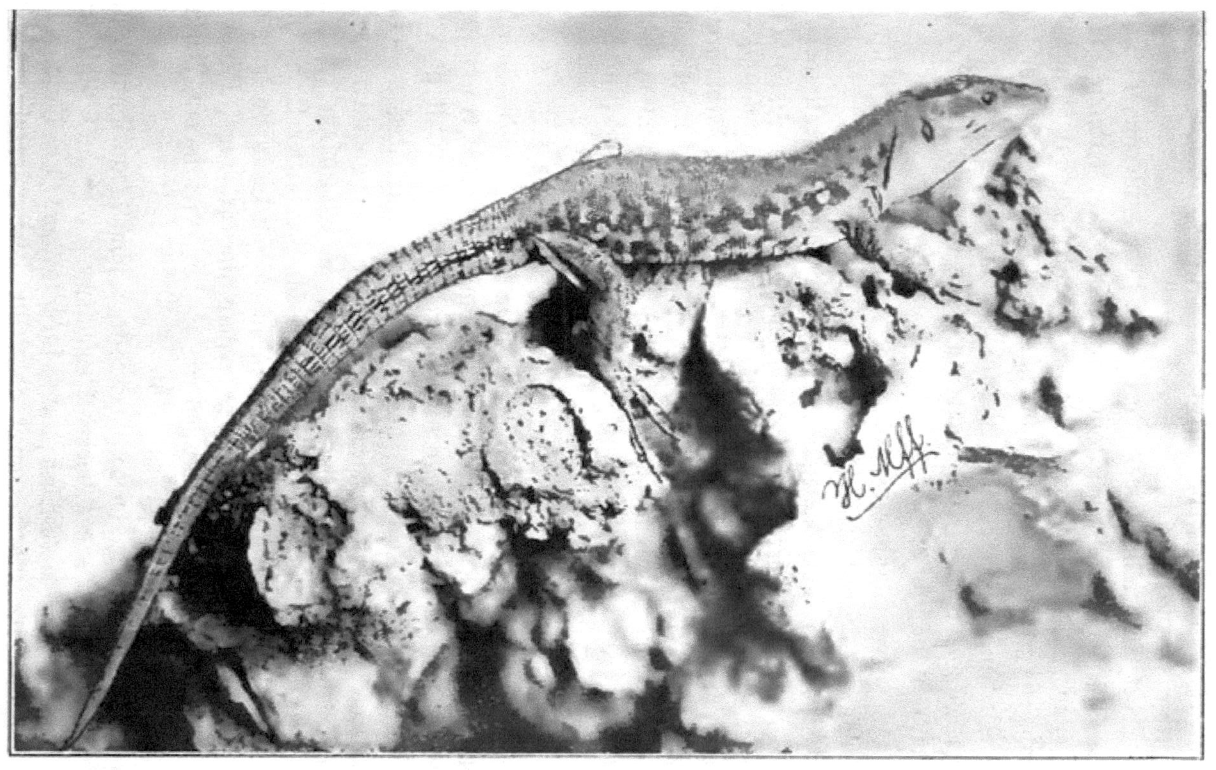

Figur 8. Wieseneidechse (Lac. serpa).

der Nähe des Wasserbeckens oder auch unter diesem versteckt aufhalten. Jedenfalls biete man ihr auch schattige Plätze, da sie sonst schnell eingehen dürfte.

Bedeutend leichter dauern (bei kalter Ueberwinterung!) die jenseits der Alpen im sonnigen Italien heimischen Mauereidechsen (Lac. muralis) aus. Diese bedeutend schlanker gebauten, prächtig braun oder metallisch grün gefärbten Tierchen sind von einer blitzartigen Geschwindigkeit.

Sie sind in einer großen Anzahl von Varietäten über die südlichen Länder verbreitet und dort an altem Gemäuer und Gebüsch zu Hunderten zu finden.

Im Handel sind die gewöhnlichen Muralisarten stets für 15 bis 40 Pfg. das Stück erhältlich.

Eine schön grün gezeichnete, kräftig gebaute Muralisform ist die Lacerta serpa oder Wieseneidechse, welche durch die Importe des Vereins „Salvinia"-Hamburg in größerer Anzahl zu uns kommt und gleichfalls ein recht empfehlenswertes Tier ist. Fig. 8. Mit Mehlwürmern und Schaben ist sie jahrelang haltbar, wenn sie nur möglichst viel Sonne geboten bekommt. Prächtig anzuschauen sind die azurblau gefärbten Faraglioneeidechsen, die gleichfalls bei angemessener Wärme (und kalter Durchwinterung!) gut halbar sind.

Allerdings muß man im Handel für das Stück 3—4 Mark zahlen, doch ist der Preis gering, wenn man bedenkt, daß die Tierchen nur unter Lebensgefahr erbeutet werden können, da ihr Verbreitungsgebiet auf die steilen Faraglionenfelsen bei Capri beschränkt ist.

Robuste Gesellen sind die schönen Smaragdeidechsen (Lac. viridis) die in großen Mengen aus dem Süden importiert werden und als eine wertvolle Bereicherung für das Terrarium des Anfängers gelten können. Exemplare bis zu 50 Zentimeter Länge sind von dieser in den verschiedensten Abstufungen von Grün vorkommenden Echse keine Seltenheit, doch hüte man sich, größere Individuen mit kleineren Tieren zusammenzuhalten, da Lac. viridis mit Vorliebe kleinere Echsen und Schleichen frißt.

Smaragdeidechsen lernen ihren Pfleger schnell kennen und fressen ihm dann das Futter, das neben Mehlwürmern auch aus Maikäfern und ähnlichen Kerfen bestehen kann, furchtlos aus der Hand.

Was Größe und Schönheit anbetrifft, steht unter allen Lacertiden die Perleidechse (La. ocellata) obenan. Nach Brediaga gehört sie der südwesteuropäischen Fauna an und ist besonders auf der Pyrenäenhalbinsel allgemein zu finden.

Die Perleidechse ist ein Tier von gedrungenem Körperbau, welches ausgewachsen eine Länge von 54 Zentimeter und darüber hat.

Die Rumpfoberseite einer ausgefärbten L. ocellata ist so prächtig gezeichnet, daß man sie unwillkürlich mit einer Perlenstickerei vergleicht: Auf dunkelgrünem Grunde leuchten herrlich blaue Flecken in schwarzer Einfassung. Die Perleidechse rate ich entschieden nur in gesondertem Behälter zu halten, oder nur mit größeren Echsen wie Uromastix rc. zusammen. Kleinere oder auch mittelgroße Smaragdeidechsen dürften ihr unfehlbar zum Opfer fallen. Im Allgemeinen ist sie ein ziemlich scheues, ja ungebärdiges Tier, welches jedoch, wenn man es reizt großen Mut zeigt und nicht selten dem Angreifer ins Gesicht springt.

Als Futter nimmt sie neben Mehlwürmern und größeren Käfern auch kleinere Echsen an und soll im eingewöhnten Zustande auch süßes Obst nicht verschmähen.

Ich möchte dem Neuling im Terrariensport nur raten, das schöne Tier sich erst dann beizulegen, wenn er bereits einige Erfahrung in der Echsenpflege gesammelt hat.

Ihre Unterkunft finde sie im geheizten Terrarium, doch kann die Heizung, wie bei allen tropischen Reptilien an heißen Tagen unterbrochen werden.

Ein Tierchen, was die vorher behandelten Eidechsen wenn auch nicht durch Schönheit, so doch an Schnelligkeit vielleicht noch übertrifft, ist Algiroides nigropunctatus. Figur 9.

Das Tier, dessen Bauch beim Männchen herrlich rot, die Kehle aber azurblau gefärbt ist, erreicht eine ungefähre Länge von 15—20 Zentimeter. An den Seiten läuft je eine Reihe himmelblauer Flecken. Die Rückenzone des Tiere ist dagegen einfach braun, bald dunkler bald heller, gefärbt.

Die Heimat von Algiroides nigropunctatus ist Korfu und auch Görz, wo sie, nach Schreiber, steinige, mit Buschwerk bewachsene Standorte bewohnt und sich mit Vorliebe in alten Oelbäumen aufhält.

Im Terrarium dauert diese Art sehr gut aus, verlangt reichlich Sonne, ist aber gegen vorübergehend niedere Temperatur nicht allzu empfindlich. In den Wintermonaten läßt man sie wie Lacerta viridis, muralis rc. vorteilhaft in Winterschlaf fallen. Mehlwürmer werden gern genommen und gut verdaut, Fliegen im Sprunge äußerst geschickt erbeutet.

Frisch importierte Exemplare bleiben ziemlich lange scheu und suchen Versteckplätze auf, wenn sich jemand dem Terrarium nähert. Mit allen anderen Käfigbewohnern lebt sie verträglich.

Figur 9. Algiroides nigropunctatus.

Nach dem Gesagten verdient auch sie das Prädikat „empfehlenswert" vollkommen.

Neuerdings gelangt durch die empfehlenswerte Firma Krause in Crefeld eine schöne, lebhafte und auch recht haltbare Echse in größeren Mengen zu uns und wird zum Preise von Mk. 2.50—3.50 in schönen Stücken abgegeben. Es ist das die allgerische Kielechse (Tropidosaura algira) aus Spanien bezw. Portugal, Algerien und Tunis. Der Oberkörper des bis 30 Zentimeter langen Tieres ist mit geschindelten scharf gekielten Schuppen bedeckt, von denen jede in eine feine Spitze ausläuft.

Die Kielechse, welche in Bezug auf das Futter durchaus nicht wählerisch ist, liebt zu ihrem Wohlbefinden einen geheizten Behälter und wühlt mit Vorliebe in dem durchwärmten Sande.

In den Strahlen der Sonne kommt das schöne Bronzebraun ihres Körpers, das an den Seiten gleich hinter dem Kopf noch durch blaue Flecken sowie helle Längsstreifen geziert ist, so recht zur Geltung. Die beim Männchen ziegelrote Kehle und Backengegend, sowie der sehr lange Schwanz verleihen dem munteren Tierchen ein recht ansprechendes Aussehen.

Der Erwähnung wert ist es noch, daß plötzlich ergriffene oder sich balgende Kielechsen ein Quiken hören lassen.

Gleichfalls ins heizbare Terrarium mit feiner Sandschicht gehören die zierlichen Fransenfingerechsen (Acanthodactylus), allerdings ungemein zarte Tierchen von 7—12 Zentimeter Totallänge. Die Zehen der Hinterfüßchen besitzen fransenartige Gebilde, welche den Tieren ermöglichen, über den mehlfeinen Wüstensand zu eilen, ohne einzusinken. Die Grundfärbung der Rückenzone ist ein schönes Gelb, Grau oder Braun, das bei einigen Arten durch bald helle, bald dunkle Längsstreifen oder Punkte verziert ist.

Das dienlichste Futter für die Acanthodactylus-Arten sind Schaben; Mehlwürmer reiche man ihnen am besten nur in frischgehäuteten Exemplaren. Die Fortpflanzung dieser Tierchen geschieht durch Eier und ist die Zeitigung derselben, sowie die Aufzucht der Jungen zum ersten mal Herrn Tofohr in Hamburg geglückt.

Eins der interessantesten, lebhaftesten und farbenprächtigsten Reptilien ist der durch Herrn Stüve-Hamburg häufig importierte Rotkehlanolis (Anolis principalis) aus Südamerika.

Diese munteren Tierchen sollten in keinem heizbaren Gesellschaftsterrarium fehlen, da sie durch ihre drolligen Bewegungen und vor allem, ihren rapiden Farbenwechsel auf jeden Beschauer einen eigenen Reiz ausüben werden.

Die Farbe des gesunden Tieres ist bei Tage oft, bei Nacht stets ein schimmerndes Saftgrün; das Männchen trägt außerdem noch eine prächtige Rotfärbung der scheibenartig aufblähbaren Kehlwamme zur Schau. Im Sonnenschein und bei angemessener Wärme im Terrarium (ca. 25—28 Grad C.) wechselt die Grünfärbung in den verschiedensten Nüancen und geht von Dunkelolivgrün schließlich in ein sattes Rostbraun über, während schon einige Sekunden später hellere, netzartige Zeichnungen den Rücken ganz überziehen. Ueber den Vorderfüßen tritt beim Männchen dann noch beiderseits ein herrlicher tiefblau leuchtender Fleck von Erbsengröße

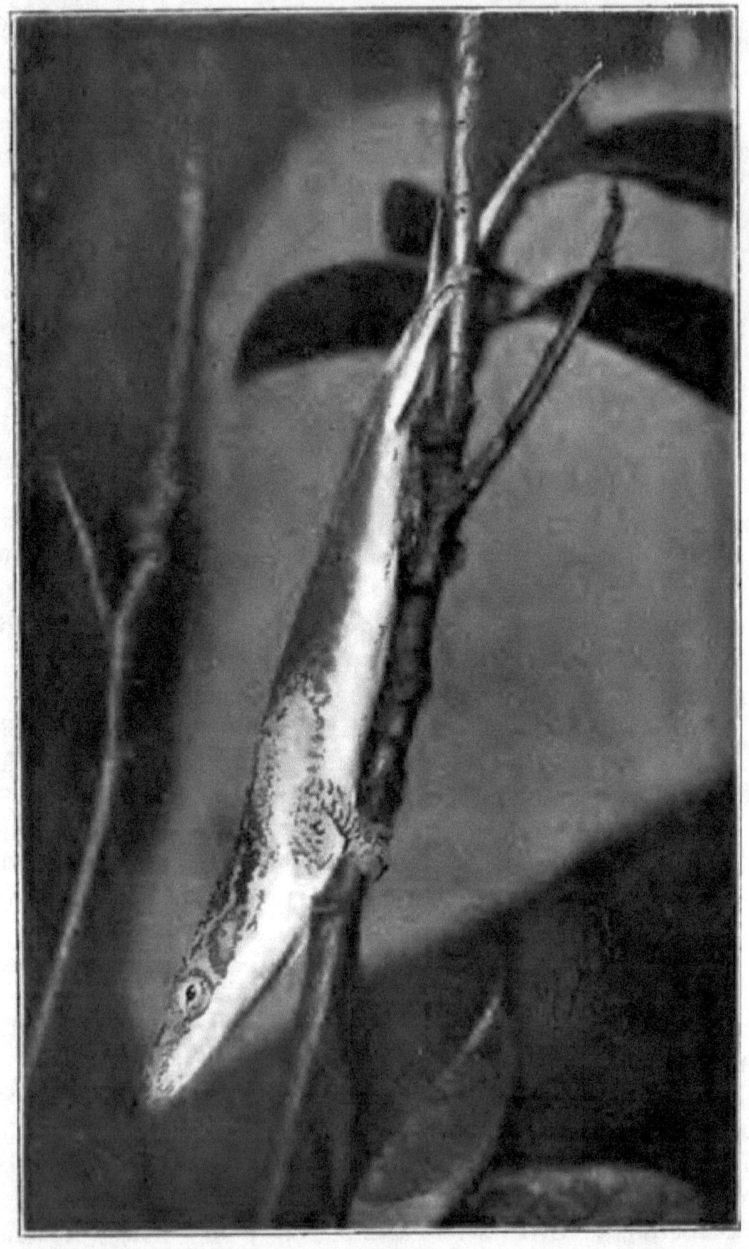

Figur 10. Grünblauer Rotkehlanolis (Anolis chlorocyanus).

hervor, kurzum das Tier bietet im ständigen Wechsel seiner Farben ein prächtiges Bild. Was der Makropode oder der Kampffisch (Betta pugnax) dem Aquarienliebhaber ist, das ist dem Terrarienfreunde dieser Anolis! Zur Paarungszeit zeigt sich dieser Farbenwechsel, der überhaupt das beste Anzeichen für die Gesundheit des Tieres ist, am häufigsten. Um diese Zeit liefern sich auch die Anolismännchen erbitterte Kämpfe, bei denen der Unterliegende nicht selten den Schwanz verliert. Mit weitgeöffnetem Rachen fahren die Gegner, nachdem sie sich vorher umkreist haben, auf einander los. Diesem eigentlichen Angriff geht stets jenes eigentümliche Nicken des Kopfes voraus, ebenso wie das Aufblähen der Kehlwamme.

Kranke Anolis, die im Gegensatz zu ihren gesunden Artsgenossen sich ausschließlich auf dem Erdboden aufhalten, erkennt man sofort an einer sich stets gleichbleibenden, welken, gelbgrünen Farbe. Solche Tiere, die auch jede Nahrungsannahme verweigern werden, suche man durch künstliches Füttern mit Fliegen oder Schaben solange bei Kräften zu halten, bis die Krankheit beseitigt ist.

3—5 Futtertiere täglich genügen. Das eigentliche Futter für Anolis sind Fliegen und Schaben.

Einzelne Individuen fressen aber auch Mehlwürmer sehr gern, die dann auch gut von ihnen verdaut werden.

Bei Hans Stüve-Hamburg sind diese äußerst empfehlenswerten Iguaniden zum Preise von 2—3 Mark das Stück in schönen, gesunden Exemplaren fast stets erhältlich.

Andere Anolisarten, die jetzt ebenfalls oft in den Handel kommen, verlangen die gleiche Behandlung.

Sonderbare Gesellen sind die meist lichtscheuen Geckonen oder Haftzeher, Tiere von düsterer Färbung, nicht zu großem Körper und verhältnismäßig kurzen Füßen, an denen die Haftscheiben das uns am meisten Interessierende sind.

Durch diese Haftscheiben sind die Geckonen befähigt, an senkrecht stehenden Glasscheiben in die Höhe zu laufen. Im Terrarium sind die Geckonen ganz muntere, durchaus nicht hinfällige Tiere, welche jahrelang ausdauern. Da es jedoch fast durchweg echte Dämmerungstiere sind, werden sie auch in Gefangenschaft erst nach Sonnenuntergang ihr lautloses Treiben beginnen. Im Gesellschaftsterrarium werden sie jedoch durch die bei Tage am muntersten Lacerten gewöhnlich aus ihren

Verstecken aufgescheucht und wird man dann auch bei Tage ihr Geschick im Laufen, Klettern und Springen bewundern können.

Eine gelinde Wärme ist ihnen sehr zusagend, Hitze dagegen lästig. Jedenfalls hat man ihnen im Terrarium geeignete Versteckplätze zu bieten. Da die Geckonen imstande sind, bis zu einem gewissen Grad ihre Farbe zu wechseln, fällt es sehr schwer, sie im Terrarium zu entdecken, da sie dann meist die Färbung ihrer Umgebung ziemlich genau nachahmen. Sie wählen dann auch nur solche Plätze, deren Farbe

Figur 11. Mauergecko (Tarentola mauritanica).

sie anzunehmen imstande sind und schmiegen sich daher eng an Baumrinde, Zierkork ꝛc.

Der leicht brüchige, nicht allzu lange Schwanz, wächst abgebrochen ziemlich schnell wieder nach, kann aber nie wieder das ehemalige Aussehen erhalten, da er stets „nackt" bleibt. Schaben, Fliegen und Mehlwürmer werden auch von den Geckonen gern genommen, ihren Durst löschen sie durch die am Geäst hängenden Wassertropfen.

Gelingt es einem Gecko aus dem Behälter in das Zimmer zu entweichen, so ist das Einfangen des Tieres sehr schwer, da es eine rasende Geschwindigkeit entwickelt. Am häufigsten ist aus der

Geckonenfamilie bei den Reptilienfreunden der Mauergecko Tarentola (Platydactylus) mauritanica zu finden. Figur 11.

Er erreicht eine Länge von 12—15 Zentimeter Länge bei gelbgrauer Oberseite mit mehr oder weniger dunklen Flecken oder Querbinden. Die Bauchseite zeigt ein schmutziges Gelbweiß. In Spanien, Sizilien, Sardinien, Corsica und Nordafrika ist der Mauergecke sehr häufig. Da er in Massen importiert wird, ist er für billig Geld erhältlich. Ein Verwandter von ihm ist der bedeutend kleinere Phyllodactylus europaeus, der meist von Sardinien zu uns gebracht wird. Er ist ein kleines Tierchen von 4—7 Zentimeter Länge. Der mit sammtartiger Haut überzogene Körper ist auf dem Rücken schwärzlich oder grau gefärbt und zeigt mitunter silbergraue Fleckenzeichnung. Der Hals ist bei älteren Tieren beiderseits blasenartig aufgetrieben; der Schwanz erhält durch eine Einschnürung gleich hinter dem After ein rübenartiges Aussehen.

Diesen Gecko kann man zweckmäßig ob seiner Winzigkeit nur in besonderen Behältern halten. Mit jahrelangem Erfolge wurde er in nicht zu kleinen Einmachgläsern gehalten. Eine niedrige Sandschicht, etwas trockenes Moos, ein paar dürre Aestchen bilden die ganze praktische Inneneinrichtung; die Glasöffnung wird mit Gaze zugebunden. Phyllodactylus ist einigen Sonnenstrahlen zwar nicht abhold, liebt aber im Allgemeinen den Schatten. Kleine Mehlwürmer werden neben Fliegen und kleinen Schaben und Spinnen auch leicht verdaut.

Das Moos ist allabendlich mit lauem Wasser zu besprengen!

Ein Wüstenbewohner ist der sandgelbe Dünnfinger Stenodactylus Petrii, der uns in letzter Zeit durch die „Salvinia"-Importe öfters zugänglich gemacht wird.

Diesen ob seines nackten Aussehens drollig anzusehenden Gecko halte man möglichst auch gesondert. Er liebt höhere Wärmegrade und Sonnenschein, ist jedoch viel weniger ausdauernd als Tarentola mauritanica.

Wird er gereizt, so richtet er sich auf seinen Beinen hoch in die Höhe.

Aus der zahlreichen Familie der Agamen stehen uns gleichfalls durch die Importe der letzten Jahre herrliche und zum Teil auch recht haltbare Bewohner für unsere ständig geheizten Terrarien zur Verfügung.

Recht empfehlenswert ist der Hardun (Agama stellio, Stellio vulgaris), der über die europäische Türkei, Syrien, Klein-Asien, Aegypten und die Inseln des Aegäischen Meeres verbreitet ist und dort auch, da er die Geselligkeit liebt, in Mengen anzutreffen ist. Fig 12. Im Handel ist der Hardun in Exemplaren von 15—30 Zentimeter Länge stets erhälltich und kann er ob seiner Verträglichkeit unbedenklich auch mit kleineren Echsen zusammengehalten werden.

Figur 12. Hardune (Agama stellio).

Völlig zahm wird ein Hardun für gewöhnlich nie, sondern bleibt stets scheu und ungebärdig. Wird er erschreckt, so rast er wie toll gegen die Scheiben und ist schwer zu beruhigen. Ein recht großer Behälter mit Klettergelegenheit ist ihm sehr erwünscht und empfiehlt es sich auch, ihn zu mehreren zu halten, da er sich auch in Freiheit zu Rudeln herumtreibt.

Die Sonne liebt er wie doch alle Agamen ungemein, und ist er ohne Sonne wohl kaum länger zu erhalten.

Gefüttert kann er neben dem üblichen Eidechsenfutter auch mit größeren Käfern werden, von denen er Maikäfer in Mengen und mit Vorliebe frißt.

Von allen Agamen ist der Hardun derjenige, welcher niedrigere Wärmegrade noch am ehesten erträgt. Ungleich wärmebedürftiger ist die Wüstenagame (Agama inermis), welche recht schön gelb mit rostbrauner und grauer Rückenzeichnung gefärbt ist und in Exemplaren bis zu 20 Zentimeter Länge häufiger Gast in unseren Terrarien ist. Fig. 13.

Figur 13. Wüstenagame (Agama inermis).

Ohne eine gehörige Durchwärmung des Sandbodens wird man keine auch noch so gesunde Agame zum Fressen bringen.

Mehlwürmer nimmt Agama inermis ohne Weiteres in Unmengen, sodaß man über ihre Gefräßigkeit staunt. Ihre kräftigen Kiefer sind übrigens mühelos imstande, auch größere Kerfe zu zermalmen. Kranke Individuen erkennt man leicht an der blässer werdenden Färbung, sowie auch an den eingefallenen Oberaugenlidern. Letztere müssen bei gesunden Tieren von vorn gesehen stets hochgewölbt sein.

Man hüte sich übrigens, in einem Behälter, der Agamen zum Aufenthalte dient, ein tieferes Wasserbecken aufzustellen, da diese Tiere elendiglich darin ertrinken würden.

Trinkwasser reiche man ihnen von Zeit zu Zeit, jedoch regelmäßig und vor allem angewärmt!

Ein Tier, welches durch seine geradezu verschwenderische Farbenpracht an gewisse Exoten unter den Vögeln erinnert, ist die Siedler-Agame (Agama colonorum). Dieses Tier kommt jetzt jedoch höchst selten zu uns und muß auch dann entsprechend bezahlt werden.

Das satte Blutrot des Kopfes sticht bei männlichen, erwachsenen Exemplaren wundervoll ab von dem Stahlblau des Rückens und der Beine, die hintere Schwanzhälfte trägt die gleiche Färbung wie der Kopf und läuft schließlich in eine blaßblaue Spitze aus.

Wer das Glück hat, in den Besitz von Agama colonorum zu gelangen, der suche ihr einen recht großen sonnigen Käfig zu bieten, damit sie sich austummeln kann.

Allen Agamen ist übrigens jenes schon beim Anolis erwähnte Nicken gemeinsam, das sich besonders zeigt, wenn sie ein Futtertier erblicken. —

Für den Besitzer eines geräumigen, heizbaren Terrariums sind die Dornschwänze (Uromastix) recht interessante Pfleglinge. Am meisten wird zur Zeit Uromastix Hardwikei importiert, der bei angemessener Temperatur (25—30 Grad C.) gut ausdauert. Fig. 14.

Bei niedriger Temperatur liegt dieser Dornschwanz träge und starr in einer Ecke seines Behälters, sobald aber die Heizung den Behälter gehörig durchwärmt hat und die Sonne ihn ordentlich bestrahlt, da erwacht Uromastix zu neuem Leben. Auf die bekrallten Vorderfüße gestützt, hebt er den Kopf mit den goldigen Aeuglein majestätisch in die Höhe und hält Umschau nach Futter. Als solches reiche man ihm Salatblätter, Löwenzahnpflanzen, Obstschnitten und auch als Zukost Mehlwürmer. Uromastix Hardwikei ist auch leicht zur Annahme von rohem und gekochtem Reis, Hirse und auch Hanf zu gewöhnen. Hat er diese Sämereien erst einmal zu seinem Futter erwählt, so ist seine Ueberwinterung, die in sonniger, geheizter Stube bei dauernder Heizung des Terrariums erfolgt, sehr leicht.

Wasser trinken die Dornschwänze selten, bequemen sie sich aber einmal dazu, dann nehmen sie auch gleich ein gehöriges Quantum zu sich.

Wer seinen Pfleglingen jedoch einmal nicht vorher angewärmtes Trinkwasser bietet, der wird sie binnen einigen Tagen, wenn nicht gar Stunden verenden sehen!

Wie bei den Agamen, so ist auch das Aussehen der Augenwülste bei den Dornschwänzen von Wichtigkeit bei der Beurteilung ihres Gesundheitszustandes. Eingefallene Augenwulste sind das sicherste Anzeichen dafür, daß das Tier Todeskandidat ist. Der Kopf gesunder Tiere soll von vorn betrachtet stets so aussehen: ⌒ ⌒ nie aber so: ⌢.

Figur 14. Uromastix Hardwikei. Indischer Dornschwanz.

Ein gesunder Dornschwanz entwickelt im geheizten Behälter einen großen Tätigkeitsdrang und scharrt dann mit solcher Vehemenz im Kiesboden des Terrariums, daß die Steinchen an die Scheiben fliegen. Ein schön mit Pflanzen und Steinen dekorierter Behälter wird binnen kurzer Zeit in eine Wüstenei verwandelt; daher empfiehlt es sich, die Bodenfläche eines Behälters für Dornschwänze so einfach wie möglich zu halten.

Wenn es die Größe des Behälters erlaubt, so kann man den Dornschwänzen direkt über der Heizung ein kleines Schlafhäuschen aufstellen, welches dann allabendlich nach Sonnenuntergang von ihnen aufgesucht wird.

Für einen gesunden Uromastix Hardwikei dürfte der Preis von 4—6 Mark bei einer Größe von 25—40 Zentimeter Länge angemessen sein.

Im Anschlusse an den verhältnismäßig großen Uromastix Hardwikei sei hier auch die nicht minder große Riesenglattechse (Tiliqua scincoides) erwähnt, die zwar ziemlich hoch im Preise steht, aber in Gefangenschaft sich als jahrelang haltbar erwies.

Tiliqua scincoides kann in demselben Behälter und unter denselben Bedingungen wie der Dornschwanz gehalten werden.

Als Futter erhält dieses schön gezeichnete, glänzende Tier Vegetabilien, vor allem süßes Obst, roh oder gekocht, ferner Apfelmus, Fruchtgelee u. s. w. Oefters verschlingen die Riesenglattechsen auch kleine Steinchen, die ihrer Verdauung förderlich sein sollen.

In einem zugfreien sonnigen Zimmer kann man sie auch frei umherlaufen lassen, Schaden werden sie keinen anrichten.

Dieselbe Lebensweise führt der von Australien stammende Rauhskink (Egernia Kunninghami), welcher gleichfalls häufig importiert wird und in Gefangenschaft gut ausdauert. Fig. 15.

Wir betrachten nunmehr die Wühlechsen. Diese Tierchen kann man jahrelang pflegen, ja sogar zur Fortpflanzung schreiten sehen, wenn man ihnen nur neben einer milden Wärme auch möglichst staubfreien trockenen Sand zum Wühlen bietet. Je höher die Sandschicht ist, die man ihnen bieten kann, um so besser ist es. Bei trüber Witterung halten sie sich im Sande, indem sie wie Fische im Wasser umherschwimmen, verborgen, bei Sonnenschein kommen sie jedoch regelmäßig auf die Oberfläche und klettern dann wohl auch auf dem Kletterbaume umher. Bei dieser Gelegenheit kann man ihr geschmeidiges Wesen bewundern, welches lebhaft an das der Schlangen erinnert. Der Apothekerskink (Scincus officinalis) macht hiervon allerdings eine Ausnahme.

Dieses bis über 20 Zentimeter lange Tier zeigt auf glänzend wachsgelber Rückenseite schöne graublaue bis schwärzliche Querbinden. Die Füße mit den breiten Nägeln sind so recht zum Graben eingerichtet; die spatenartig breit und scharf zulaufende Schnauze ermöglicht dem Tiere gleichfalls ein schnelles Eingraben in den Sand.

Tatsächlich ist denn auch ein wühlender Skink in 2 Sekunden unseren Augen entrückt.

Mit Mehlwürmern und Schaben ist Scincus officinalis lange zu erhalten, vorausgesetzt nur, daß sein Käfigsand sauber und trocken ist.

Muster von Geschmeidigkeit und Eleganz sind die gefleckten oder gestreiften Walzenechsen (Gongylus ocellatus und var. tiligugu) die für wenig Geld stets erhältlich sind und im Behälter nicht selten

Figur 15. Stachelskink. (Egernia Kunninghami).

lebendige Junge zur Welt bringen. Fig. 16. Mehlwürmer werden als Futter anstandslos genommen. Wühlechsen sollen gleichfalls warm überwintert werden, da kalte Ueberwinterung doch ein gewisses Risiko ist.

Ein Tier, das von dem Unkundigen stets für eine Schlange gehalten wird, ist die Erzschleiche (Seps chalcides). Fig. 17. Bei näherem Hinsehen wird ein solcher Beschauer stets sein Erstaunen darüber ausdrücken, daß „die Schlange Füße hat.“ Seps chalcides, eine Verwandte unserer Blindschleiche, besitzt nämlich an ihrem schlangenartig langgestreckten und ungemein biegsamen Körper vier 3—4 Millimeter lange dreizehige Füßchen, die sie jedoch bei ihren schlängelnden Bewegungen eng an den Leib preßt und nur ab und zu zum Aufstützen benützt. Der Körper, der eine Länge von ungefähr 25 Zentimeter erreicht, zeigt bei glänzender grüngelber Grundfarbe eine schwarze Streifenzeichnung.

Des Nachts, sowie bei trübem Wetter hält sich die Erzschleiche im erwärmten Sande verborgen. Schaben dürften ihre Lieblingsnahrung in Gefangenschaft sein, doch verschmäht sie auch Mehlwürmer durchaus nicht, die ihr gut bekommen.

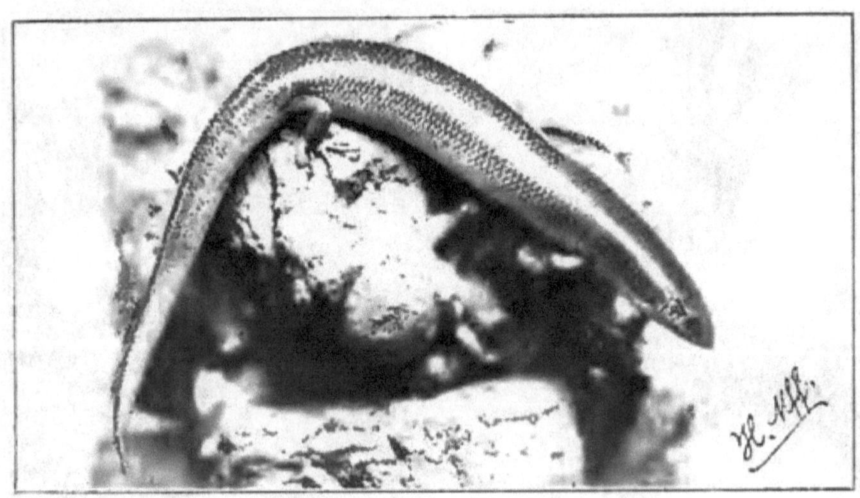

Figur 16. Walzenechse. (Gongylus ocellatus).

Das Weibchen bringt nach meinen Beobachtungen lebendige Junge zur Welt und zwar, wie bei meinem Exemplar 4 Stück von 8 Zentimeter Länge.

Nebenbei erwähnt ist der Schwanz von Seps nicht brüchig, wie dies der Fall bei unserer Blindschleiche (Anguis fragilis) ist.

Dieses Tier, das die schattigen grasigen Waldesränder unserer Heimat bewohnt, bedarf in der Gefangenschaft auch zu ihrem dauernden Wohlbefinden schattiger, ja sogar etwas feuchter Stellen, worauf man Rücksicht nehmen muß.

In stetig trockenen, grell von der Sonne beschienenen Terrarien ohne genügende Versteckplätze geht sie schnell ein.

Auch sie bringt lebendige Junge zur Welt, doch in weit größerer Anzahl als Seps, nämlich 20 und noch mehr.

Die typische Färbung der Blindschleiche ist oben ein silbergrau bis kupferbraun mit einem dunkeln, beim Scheitel beginnenden Längsstreifen; die Unterseite ist gewöhnlich schwarz.

Dem oberflächlichen, äußeren Ansehen nach ähnelt der Blindschleiche sehr der Scheltopusik (Pseudopus apus), nur ist dieses Tier im Verhältnis zu Anguis von riesiger Größe. Meterlange Exemplare von 2—3 Zentimeter Dicke sind keine Seltenheit. Zu beiden Seiten besitzt Pseudopus apus eine deutliche Längsfalte, die beim Ohre beginnt und sich bis zum After erstreckt.

Der Scheltopusik darf unter keinen Umständen mit wertvolleren kleinen Echsen zusammengehalten werden, da er ordentlich unter ihnen aufräumen würde. Selbst riesigen Smaragdeidechsen verstümmelt er die schönen Schwänze.

Man füttere den Scheltopusik mit Blindschleichen, Eidechsen, Mäusen, Käfern und Mehlwürmern. Schließlich läßt er sich auch an rohes Fleisch gewöhnen.

Aus Mexiko und dem Südwesten der Vereinigten Staaten kommt zur Zeit der Sommerimporte nicht selten die Krötenechse (Phrynosoma cornutum), ein Tier von sonderbarem Aussehen zu uns. Das höchstens 13 Zentimeter lang werdende Tierchen erhält durch die Bestachelung des Kopfes und Rückens, welcher schmutzgelb mit braunen Flecken gezeichnet ist, ein äußerst wehrhaftes und gefährliches Aussehen, ist aber völlig harmlos. Wer Krötenechsen längere Zeit mit Erfolg halten will, muß ihnen einen sonnigen, heizbaren Käfig mit Sandboden anweisen. Des Abends wird die Heizung so reguliert, daß die Temperatur allmählig eine erheblich niedrigere wird. Nur wenn dies der Fall ist, wühlen sich die Krötenechsen des Abends in den kühleren Sand ein. Dies ist zu ihrem Wohlbefinden von großer Wichtigkeit.

Im Allgemeinen ist Phrynosoma ein sehr plumpes, unbeholfenes Tier, das nur bei greller Sonne eine gewisse Behendigkeit entwickelt. Im Terrarium darf kein tiefes Wasserbecken stehen, da die Krötenechse sonst unfehlbar darin umkommen würde, wenn sie in dasselbe gerät. Die Ernährung von Phrynosoma hat übrigens seine gewissen Schwierigkeiten und lasse man sich bei dem Händler, von dem man Krötenechsen kauft, stets genau angeben, was die Tiere bei ihm wieder-

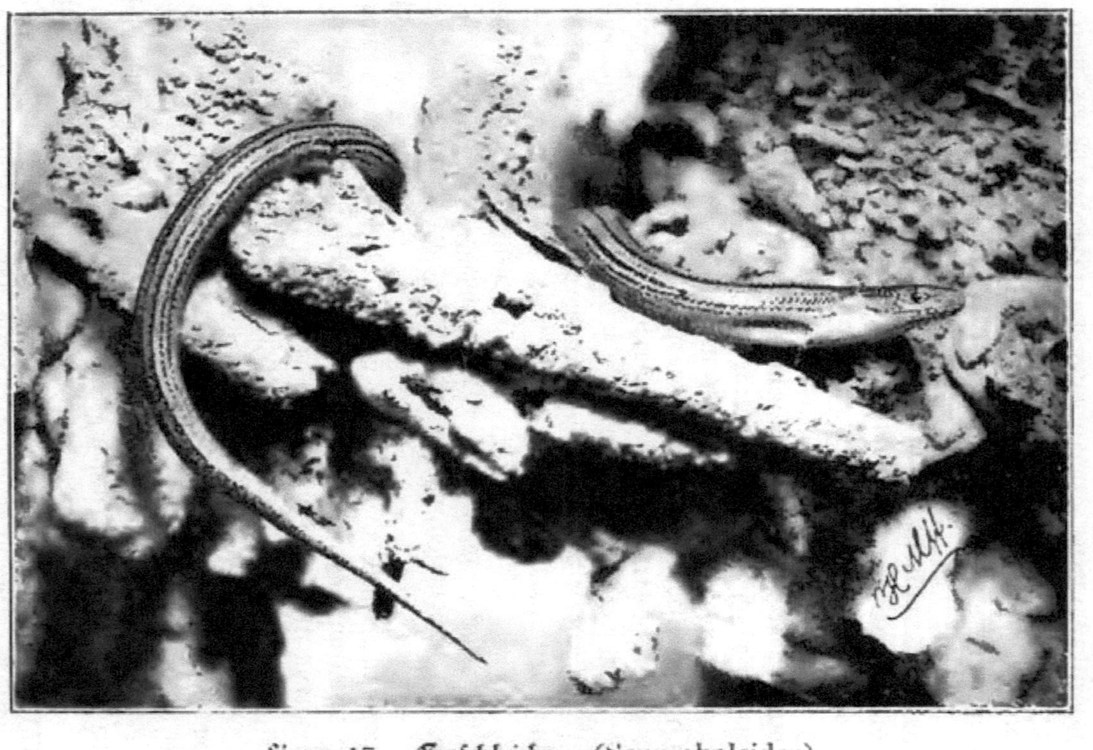

Figur 17. Erzschleiche. (Seps chalcides).

holt gefressen haben. Sehr gern werden Grashüpfer oder Grillen genommen, manche bevorzugen Mehlwürmer, andere Individuen wollen wieder nur Spinnen oder Schaben annehmen.

Wem es glückt, Phrynosomen 1 Jahr zu erhalten, der kann seines Erfolges schon froh sein, da man diese Art als ziemlich empfindlich bezeichnen muß.

Gleichfalls recht schwierig auf längere Zeit am Leben zu erhalten, sind die Chamaleone. Allerdings ist ja ein gesund in die Hände eines Terrarienliebhabers gelangendes Chamäleon schon eine große Seltenheit an und für sich. Die meisten im Handel befindlichen Tiere (Chamaeleon vulgaris) tragen den Todeskeim schon in sich.

Dem Verkäufer kann man in den meisten Fällen aber auch keine Schuld zuschieben, wenn man Chamäleons ersteht, die nach 14 Tagen schon das Zeitliche segnen, da es recht schwierig ist, kranke Chamäleons von gesunden zu unterscheiden.

Erst in neuerer Zeit machte das „Salvinia"-Mitglied, Herr Flurschütz in Hamburg genauere Angaben, nach denen man kranke Tiere leicht erkennt.

Genannter Herr stellte fest, daß gesunde Tiere des Nachts zusammengeduckt, den Kopf eng an den Ast, auf dem sie sitzen, geschmiegt schlafen. Kranke Tiere schlafen dagegen mit hochgehobenem Kopf und auf ihre Vorderfüße gestützt, gleichsam nach Atem ringend.

Eingefallene Augen, sowie längeres Geschlossensein derselben bei schönem Wetter, deuten gleichfalls auf eine Krankheit hin.

Gesunde Tiere, deren Augen in ständiger Bewegung sein müssen, sind robuste Gesellen und durchaus nicht so harmlos, wie bisher angenommen wurde. Herr Tofohr-Hamburg machte hierauf zuerst aufmerksam, da er konstatieren konnte, daß seine kerngesunden Tiere sich an zarteren Echsen z. B. Anolis vergriffen und diese verzehrten. Es war anzunehmen, daß die Chamäleons den grüngefärbten Anolis für eine Heuschrecke hielten, kurzum, das ruhig dasitzende Tierchen wurde aufmerksam beäugt, aufs Korn genommen, dann mit der plötzlich hervorschnellenden, langen, kolbenförmigen Zunge angeleimt und zwischen den mächtigen Kiefern zermalmt.

Bei Tieren, welche die Annahme von Nahrung verweigern, kann man, nicht selten mit Erfolg, die künstliche Fütterung anwenden. Man nimmt das betreffende Tier in die linke Hand und reizt es durch Kitzeln an Nacken oder Kehle solange, bis es das mächtige

Maul aufreißt. In dieses stopft man nun einige in heißem Wasser getötete Regenwürmer, welche meist sofort gekaut und verschlungen sehr gut verdaut werden.

Eine 3—4malige künstliche Fütterung in der Woche mit ungefähr 4 mittelgroßen Regenwürmer genügt zur Erhaltung völlig.

Figur 18. Nashornchamäleon (Ch. pardalis).

Gut von selbst fressenden Tieren reiche man in im Geäst angehängten kleinen weißen Schüsselchen Mehlwürmer und suche auch durch zahlreich in den Behälter gesetzte Schaben und Fliegen die Freßlust der Tiere zu reizen. Ferner beachte man, daß alle Chamäleons feuchtwarme Luft lieben und suche diese durch reichliches Sprengen mit lauem Wasser zu erreichen. Auch die Tiere besprenge man lauwarm. Ein Farbenwechsel ist bei Chamäleons gleichfalls häufig wahrzunehmen und ist dieser mit dem der Anolis zu vergleichen. Unsere Abbildung Fig. 18 stellt das bis 60 Zentimeter lang werdende Nashornchamäleon von Madagaskar (Ch. pardalis) dar, das durch eine rüsselartige Nasenverlängerung ausgezeichnet ist. Dieses seltene und prächtige Tier frißt Mehlwürmer ohne weiteres.

Zum Schlusse dieses Abschnittes sei noch der in kleinen Exemplaren zu uns kommende Alligator lucius erwähnt, der bei einer Länge von 18—40 Zentimeter als interessanter Bewohner unserer heizbaren Aquaterrarien oder Terrarien mit sehr großem Wasserbecken gelten muß.

Bei vernünftiger Pflege dauert er jahrelang aus und lernt seinen Pfleger d. h. Fütterer sehr genau kennen.

Zu seinem Wohlbefinden verlangt der Alligator flaches (ca. 10—15 Zentimeter tiefes) und erwärmtes Wasser.

Während er Sonnenschein leicht und schadlos entbehren kann, ist warmes Wasser unbedingt für ihn notwendig. Unter 22 Gr. C. soll dasselbe nie sein, denn man bedenke, daß man es doch mit jungen, meist erst wenige Monate alten Tieren zu tun hat.

Man kann kleine Alligatoren ruhig mit mittelgroßen Schildkröten zusammenhalten, da ja auch die Lebensbedingungen beider Reptilien in der Gefangenschaft dieselben sind. Größere Alligatoren dagegen bringen Schildkröten nicht selten um, wie ich in dem großen Reichelt'schen Reptilienhause in Tegel bei Berlin beobachtete.

Mit rohem, sehnenfreiem Fleische, das man in Streifen schneidet, ferner mit lebenden und toten Fischen, Molchen und Fröschen sind Panzerechsen mehrmals wöchentlich zu füttern und scheinen die jungen Tiere im Wasser ihr Futter am bequemsten verschlingen zu können. Jedenfalls sind sie alle ungeheuer gefräßig und vertilgen große Futtermengen. Junge Alligatoren sind übrigens sehr schön gezeichnet, nämlich Ebenholzschwarz mit schön gelben Rückenquerbinden.

Eigentümlich ist ihnen ein fortwährendes Wackeln des Kopfes auf dem Lande, sowie ein deutlich vernehmbares Quacken, das besonders dann ertönt, wenn sie Hunger haben.

Eine gewisse Bissigkeit aller Panzerechsen in Gefangenschaft läßt sich nicht ableugnen.

Alle anderen, zuweilen importierten Panzerechsen verlangen die gleiche Behandlung.

## c. Schlangen.

Gleichfalls höchst interessante Bewohner der Terrarien sind die Schlangen. Diese empfiehlt es sich noch mehr als andere Reptilien für sich in gesonderten Behältern zu halten, da sie sich meist von

Echsen ernähren und deshalb nur in gewissen Arten in Gesellschaftsterrarien untergebracht werden können.

Leider wird der Reptilienfreund oft an diesen seinen Pfleglingen die betrübende Erfahrung machen, daß sie, besonders in frisch gefangenen Exemplaren, jegliche Nahrungsannahme verweigern.

Da aber gerade Schlangen gegen längeres Fasten viel widerstandsfähiger sind, als Echsen, dürfte ein solches Fasten in seltenen Fällen zum Tode führen.

Abzuhelfen suche man diesem Uebelstande dadurch, daß man dem Nahrung verweigernden Tiere immer wieder Futtertiere in größtmöglichster Abwechselung anbietet, d. h. vorwirft und so den Appetit zu reizen sucht.

Sehr wichtig ist es, darauf zu achten, daß der Behälter, in dem Schlangen untergebracht sind, tadellos schließt, denn durch den schmalsten Riß weiß sich der geschmeidige Schlangenleib hindurchzuzwängen.

Die innere Einrichtung eines Schlangenterrariums kann dieselbe sein wie in jedem Echsenhause, nur ist in womöglich noch reicherem Maße wie in diesem, für Klettergelegenheit zu sorgen.

Als Bodengrund ist Kies ebenso gut wie Sand zu verwenden. Einige Schlangenarten lieben es, öfters und längere Zeit im Wasser zu verweilen und hat man diesem Umstande durch Einsetzen eines geräumigen Wasserbeckens Rechnung zu tragen.

Die mehrmals im Jahre bei allen Schlangen stattfindende Häutung wird jedenfalls durch ein laues Bad sehr erleichtert. Interessant ist die Schlangenhäutung insofern, als das Tier, dessen Farben vorher verblaßten und dessen Augen trübe wurden, das ganze alte Kleid in einem Stück (bei gesunden Tieren!) abstreift und sich auf diesem jede einzelne Schuppe und jedes Bauchschild deutlich erkennen läßt; selbst die Augen nehmen an diesem Häutungsprozeß teil.

Nach der Häutung prangt das vorher blasse und apathische Tier wieder in den schönsten Farben.

Alle Schlangen lieben die Sonnenwärme sehr und liegen dann einzeln oder zu mehreren in Knäuel verschlungen entweder auf dem Kiesboden oder auf dem Geäst, um die Sonnenstrahlen auf sich prallen zu lassen. Gewisse größere Schlangen sind, wie noch näher ausgeführt werden wird, nicht mit kleineren Exemplaren zusammenzusperren, da sie diese häufig verschlingen. Die meisten von ihnen werden ja sehr schnell zahm und lassen sich dann gutmütig von ihrem Pfleger anfassen.

ohne von den spitzen Zähnen Gebrauch zu machen, andere aber wieder, z. B. die Zamenis-Arten beißen in gesundem Zustande stets nach der Hand des Pflegers, wenn dieser im Behälter irgend etwas zu tun hat.

Um den Biß abzuschwächen, emfiehlt es sich, zu diesem Zwecke starke Lederhandschuhe anzulegen.

Eine bei uns allgemein verbreitete Schlange ist die unter Umständen bis 1 Meter 60 Zentimeter lang werdende Ringelnatter (Tropidonotus natrix). Fig. 19. Dieses völlig harmlose, schnell zahm werdende Tier gehört zu den ausdauernsten Schlangen unserer Behälter.

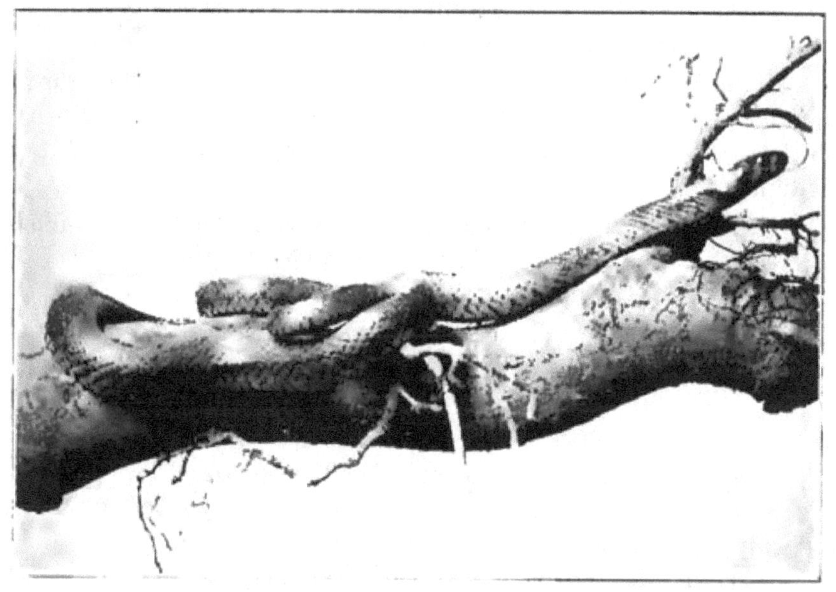

Figur 19. Ringelnatter. (Tropidonotus natrix).

Der Name „natrix" also „Schwimmerin" deutet darauf hin daß sie eine große Vorliebe für das Wasser hat und wird sie in der Freiheit auch gewöhnlich in der Nähe desselben gefunden. Dies rührt schon daher, weil Wasserbewohner, d. h. Frösche, Molche und Fische ihre ausschließliche Nahrung bilden.

Im Terrarium kann sie ob ihrer Verträglichkeit mit allen Echsen, auch den kleinsten, zusammengehalten werden, ist also ein für „Reptilien-Gesellschaftsterrarien" geeignetes Tier.

4*

An den hell- bis dunkelgelben und halbmondförmigen Flecken zu beiden Seiten des Hinterkopfes ist sie leicht zu erkennen.

Die Rumpfoberseite ist bei der Stammform bräunlich, grünlich oder schiefergrau mit 4—6 Reihen schwärzlicher Flecken, die Bauchschilder tiefschwarz, gesäumt von weißen Flecken.

Außer dieser Stammform können wir häufig noch verschiedene Varietäten im Terrarium beobachten, so die var. atra, d. i. schwarze Ringelnatter und die var. persa, die Streifenringelnatter. Während die erstere überall mit Ausnahme der Kopfunterseite tief schwarz gefärbt ist, zeichnet sich die Streifenringelnatter durch parallellaufende, schmale Längsstreifen von gelblicher Farbe aus, die dem Tier ein sehr ansprechendes Aussehen verleihen.

Im Terrarium, das ein geräumiges, sauberes Wasserbecken enthalten muß, gedeiht sie ohne besondere Pflege vortrefflich und hält jahrelang aus. Es ist ratsam, sie wie die heimischen Echsen kalt zu überwintern.

Als Nahrung reiche man ihr zwei- oder dreimal in der Woche entsprechend große Frösche, Molche oder auch fingerlange Fische, die man lebend ins Wasserbecken setzt.

Aus Nordamerika werden zeitweilig einige Tropidonotus-Arten importiert, die in Lebensweise und Haltung mit der Ringelnatter völlig übereinstimmen, meistens prächtig gefärbte Tiere, die allerdings auch entsprechend bezahlt werden müssen. (8 bis 15 Mk.!)

Es sind dies besonders die Dreistreifennatter (Tr. saurita); Rücken braun mit 3 gelben Längsstreifen, Kopf zu beiden Seiten mit senkrechtem gelbem Fleck vor den Augen.

Tr. sirtalis, die gefleckte Dreistreifennatter. Rücken wie bei der vorigen, nur außer den Streifen noch mit dazwischen liegenden schwarzen Flecken versehen. Augenflecken fehlen.

Eine nahe Verwandte der Ringelnatter ist die Würfelnatter, Tropidonotus tessellatus.

Sie ist in Süd-Europa, in Deutschland am Mittelrhein, ferner an der Nahe und Mosel zu finden.

Das Tier erreicht eine Länge von 1 Meter und ist gleich der Tropidonotus natrix eine ausgesprochene Wassernatter. Ihren Namen verdankt sie der schachbrettartigen, schwarzen Fleckenzeichnung auf dem Rücken, die jedoch mit dem Alter des Tieres verblassen. Die

Grundfarbe der Stammform ist ein bald helleres, bald dunkleres Graubraun.

Auch dieses recht bewegliche Tier eignet sich vorzüglich zur Haltung in Gefangenschaft und darf mit anderen Reptilien zusammengehalten werden.

Die Lieblingsnahrung der Würfelnatter bilden kleine, lebende Fischchen, die man in das geräumige, saubere Wasserbecken setzt. Binnen kürzester Zeit wird die Würfelnatter dann das Vorhandensein der Futtertiere im Behälter gemerkt haben und diese dann mit großer Geschicklichkeit aus dem Wasserbehälter herausgefangen haben. Neben Fischen nimmt sie nach meiner Erfahrung auch Laubfrösche sehr gern, die überhaupt für die meisten Tropidonotus-Arten ein besonderer Leckerbissen zu sein scheinen. (Sollte dies auch von dem fast allgemein für „giftig" gehaltenen Hyla versicolor, dem nordamerikanischen farbenwechselnden Laubfrosch gelten?)

Wie die Ringelnatter, so trinkt auch die Würfelnatter von Zeit zu Zeit gern und in tiefen Zügen. Da sie sehr leicht ans Futter geht ist sie mit ihren sonstigen guten Eigenschaften ein recht anzuempfehlendes Tier.

Ein mehrmonatlicher Winterschlaf trägt zu ihrem dauernden Wohlbefinden viel bei.

Ein weiterer Vertreter der Gattung Tropidonotus ist die Vipernatter (Trop. viperinus), ein der giftigen Kreuzotter sehr ähnliches Tier, von welcher sie aber der Laie sofort durch die runde Pupille, die bei dieser einen senkrechten Schlitz bildet, unterscheiden kann. Hauptsächlich ist dieses, übrigens auch völlig harmlose Tier in Frankreich, auf Sizilien und Sardinien, Spanien, Portugal und auch Nordwestafrika zu finden (nach Brehm).

Tiere, deren Länge 90 Zentimeter überschreiten, dürften nicht allzu häufig gefunden werden.

Da auch die Vipernatter häufig am und im Wasser beobachtet wurde, ist ihre Nahrung und Haltung dieselbe wie bei der vorher behandelten Würfelnatter.

Ziemlich häufig ist die glatte Natter (Coronella laevis) Fig. 19 in Oesterreich und Thüringen zu finden. Die äußerst bewegliche Natter ist etwas kleiner als die vorigen und führt auch eine vorwiegend ländliche Lebensweise.

Von der Kreuzotter, der auch sie ziemlich ähnlich sieht, unterscheidet sie sich außer ihrer runden Pupille durch die vollständig glatten Rückenschuppen, welche bei der Giftschlange je einen Längskiel besitzen.

Eigenartig ist bei Coronella laevis die Art und Weise, mit der sie ihre Beute bewältigt.

Sie nährt sich vorwiegend von Eidechsen und Blindschleichen, die sie am Kopfe zu packen sucht und dann nach Art der Riesenschlangen mehrmals umschlingt. Erst wenn die Natter ihre Beute mundgerecht gepackt hatt, lösen sich allmählig die Schlingen und das Tier wird mit dem Kopfe voran hinuntergewürgt. Oft aber geht diesem Verschlingen ein wütender Kampf voran, da sich die am Rumpf gepackte Eidechse fest in ihre Feindin verbeißt und dann bleiben die Tiere nicht selten lange Zeit, fest ineinander verbissen, ermattet am Boden liegen.

Figur 19. Vierliniennatter. (Coluber quadrilineatus).

Daß nach dem Gesagten die Schlingnatter in keinem „Gesellschaftsterrarium“ Unterkunft finden darf, dürfte einleuchtend sein, da sie unter den mehr-oder weniger wertvollen Echsen bald gehörig aufgeräumt haben würde.

Selbst riesige Smaragdeidechsen werden von ihr angefallen und zum mindesten ihrer Schwänze beraubt.

Mit gleich großen, verträglichen Schlangen zusammengehalten, ist sie dagegen ein angenehmer, lebhafter Gefangener.

Sehr zu empfehlen ist, zumal für größere Terrarien, die Schlangenbader Natter oder Aeskulapschlange (Coluber longissimus).

Die Körperoberseite des bis 1,5 Meter lang werdenden Tieres zeigt ein Gelbbraun mit je einem gelblichen Flecke an dem Hinterkopfe. Außer der Stammform kennt man noch eine fast schwarze Varietät, die schon öfters zu Irrtümern Anlaß gab.

In der Gefangenschaft wird das schöne, imposante Tier, welches übrigens vorzüglich klettert, bald der Liebling seines Besitzers werden, da es recht schnell zahm wird. Wie Coronella laevis sucht auch sie das Wasserbecken nicht häufig auf. Ihre Nahrung besteht vornehmlich aus grauen bezw. weißen Mäusen, auch junge Sperlinge nimmt sie gern. Da man weiße Mäuse übrigens sehr leicht in kleinen Glaskästen (leeren Aquarien, Glaskrausen) züchten kann und schon von zwei Paaren einen ziemlichen Nachwuchs in wenigen Wochen erhält, wird man wegen der Ernährungsfrage nicht in Verlegenheit kommen.

Noch länger (bis 2 Meter) als Coluber longissimus wird die Vierstreifennatter (Coluber quaterradiatus). Heimisch ist sie in Südeuropa. Der olivbraune Rücken ist durch 4 parallel laufende schwarzbraune Streifen verziert. Vom Auge bis zum Maulwinkel ist dieses Tier mitunter mit einem schwarzen, schräg laufenden Strich gezeichnet. In Pflege und Fütterung stimmt sie mit der vorher beschriebenen überein, frißt außer den vorher erwähnten Mäusen noch junge Ratten, Sperlinge und auch rohe Eier, welche sie ganz verschlingt und erst im Leibesinnern zerdrückt.

Eine der schönsten europäischen Schlangen ist die zierliche, bis 90 Zentimeter lang werdende Coluber quadrilineatus var. leopardinus, die Leopardennatter.

Dieses schöne Tier zeigt bei rostbrauner Grundfärbung der Rückenzone herrliche dunkelrote, schwarzgeränderte Flecken.

Da sie in Gefangenschaft als recht ausdauernd bezeichnet werden kann und durch ihr zierliches Wesen jeden Beschauer entzückt, sollte sie in keinem Schlangenterrarium für gleichgroße Tiere fehlen. Kleinere Schlangen, sowie Echsen frißt sie in der Regel nicht, Mäuse aber sind ihre Lieblingsnahrung. Die Originalphotographie auf Seite 54 (Figur 19) stellt die seltenere Stammform dar.

In den „Blättern für Aquarien- und Terrarienfreunde 1901“ hebt der bekannte Wiener Herpetologe Kammerer die Vorzüge einer nordamerikanischen Landnatter Coluber getulus (Kettennatter) als Käfigtier gebührend hervor, allerdings mit der Einschränkung, daß man sie vorteilhaft nur in Isolierhaft halten kann, weil sie alles Lebende, was man ihr beigesellt, auffrißt. Dieses Tier, welches 1 einhalb Meter an Länge erreicht, zeichnet sich durch eine gelbe kettenartige Rückenzeichnung auf dunklem Grunde aus und gewinnt dadurch ein recht ansprechendes Aussehen.

Kammerer teilt über die Kettennatter an erwähnter Stelle mit, daß sie in frisch importierten Exemplaren von wahnwitziger Bissigkeit ist und erst nach und nach gezähmt werden kann. Er zählt sie zu den trägsten, aber ausdauerndsten Schlangen, die für größere Terrarien in Betracht kommen.

Die Nahrung der Kettennatter bilden Vögel, Echsen, Schlangen, Mäuse, Ratten, ja sogar Meerschweinchen und Kaninchen. Mit der Zeit ist sie auch leicht an entsprechende Stücke rohes Rindfleisch zu gewöhnen, die sie aus der Hand nimmt. Gegen Kälte und verschiedene gefährliche Schlangenkrankheiten zeigte sie sich äußerst widerstandsfähig.

Gleichfalls möglichst getrennt zu halten sind die überaus bissigen Zorn- oder Pfeilnattern, von denen regelmäßig Exemplare in schönen Varietäten im Handel erhältlich sind. Die Stammform (Zamenis gemonensis typica) ist auf dem Rücken dunkelgrau bis bräunlich, unten blaßgelb, mitunter auch rötlichgelb gefärbt.

Auf diesem Grunde heben sich auf dem Rücken dunklere, fast viereckige Flecken, sowie auch gleichgefärbte Querbinden ab. Nach dem Schwanze zu verblaßt diese Zeichnung mehr und mehr und geht schließlich in gelbe und braune Längsstreifen über. In Dalmatien, von wo diese Form auch meist importiert wird, ist Zamenis gemonensis recht häufig.

Eine Abart der vorigen ist die schwarze Pfeilnatter Zamenis carbonarius, ein Nigrino; diese Form wird bedeutend länger als die Stammform (cr. 1,6 Meter) und ist bei alten Tieren auf dem Rücken einfarbig schwarz gefärbt.

Dieses Tier gab häufig zu Verwechselungen mit der schwarzen Abart der Aeskulapnatter Anlaß, trotzdem diese eine große Seltenheit ist. Beide Tiere sind jedoch wie Herr Lorenz Müller in den „Blättern" 1902 fol. 122. u. ff. nachweist, leicht von einander zu unterscheiden.

Bei Zamenis carbonarius ist der Kopf viel deutlicher vom Halse abgesetzt, als bei der melanotischen Coluber longissimus.

Ferner macht sich auch in der Kopfbeschilderung eine erhebliche Abweichung bemerkbar, wenn man bei beiden die scuta frontalia (Stirnschilder) miteinander vergleicht: das frontale bei Coluber longissimus ist fast ebenso breit wie lang, bei Zamenis carbonarius dagegen langgestreckt, also länger als breit.

Im Uebrigen verweise ich auf die wertvollen Ausführungen des Herrn Müller an zitierter Stelle.

Riesige Dimensionen erreicht die neuerdings häufig von Herrn Krause-Krefeld aus Rumänien importierte Form Zamenis caspius. Die kaspische Pfeilnatter ist in Exemplaren von 2,5 Meter Länge keine Seltenheit und eignet sich daher nur für größere Behälter.

Die Schwanzfärbung der typischen Form erstreckt sich bei ihr über den ganzen Körper, die Grundfarbe ist ein fahles Braungelb.

Da auch sie ihren Verwandten, was Bissigkeit anbelangt, durchaus nicht nachsteht, dürfte sie nur für eingefleischte Schlangenliebhaber in Betracht kommen.

Der fortgeschrittenere Terrarienfreund wird mit Vorliebe die schönste und haltbarste Varietät der Zamenis-Arten pflegen, nämlich die schwarzgrüne oder schwarzgelbe Pfeilnatter (Zamenis gemonensis var. atrovirens). Die Zeichnung dieses lebhaften Tieres ist auf der beigegebenen Abbildung (Fig. 20) recht deutlich ersichtlich.

Unsere Händler erhalten sie meist von Florenz.

Was die Haltung der bisher genannten Zamenis-Arten anbelangt, so ist die zuletzt erwähnte am ausdauerndsten und deshalb am ehesten zu empfehlen.

Zu ihrem Wohlbefinden benötigen sie ein trockenes, sonniges, heizbares Terrarium mit sauberem Trinkwassernapf. Ein Klettergerüst darf nicht fehlen, desgleichen passende Schlupfwinkel.

Als Nahrung nimmt die Pfeilnatter alles Lebende, was sie bewältigen kann! Schlangen, Echsen, Frösche, Mäuse, Vögel, Falter und große Heuschrecken.

Ihrer Gefräßigkeit wegen kann man sie höchstens mit Landschildkröten, großen Dornschwänzen und Riesenechsen (Egernia, Tiliqua) zusammen sperren.

Zu den am schönsten gezeichneten südeuropäischen Schlangen wird die Hufeisennatter (Zamenis hippocrepis) gezählt. Sie wird in letzter Zeit häufig importiert und verhältnismäßig billig abgegeben.

Ihren Namen trägt sie mit Recht, da ihr rostbrauner Rücken mit zahlreichen braunen, hufeisenförmigen Flecken mit gelbem Saum verziert ist. Als Nahrung reiche man ihr weiße Mäuse oder Eidechsen. Nicht minder schön gezeichnet, doch seltener zu uns kommend, ist die bissige Treppennatter (Rhinechis scalaris). Sie wird bis 0,5 Meter lang und ist in Spanien und Südfrankreich heimisch. Ihr hell-

Figur 20. Schwarzgrüne Zornnatter. (Zamenis gemonensis var. atrovirens).

brauner Körper wird von zwei dunklen Längstreifen durchzogen, die durch Querbinden mit einander verbunden sind und so dem Tiere die charakteristische Zeichnung verleihen.

Im Alter verblassen diese Querbinden. Neben Sperlingen und Mäusen macht sie auch Jagd auf Eidechsen.

Als ein recht bissiges, ungeberdiges Tier wird die Eidechsennatter (Coelopeltis lacertina) allgemein mit Recht bezeichnet.

Die Küstenländer des Mittelländischen Meeres beherbergen sie an dürren, mit Gesträuch bewachsenen Orten. In Gefangenschaft gehört sie zu den unliebenswürdigsten Pfleglingen, da sie mit lautem Zischen auf den Pfleger losfährt und ihm nicht selten ins Gesicht springt.

Wenn sie sich erst einmal zur Nahrungsannahme entschlossen hat, ist sie verhältnismäßig ausdauernd.

Als Futter reiche man Eidechsen Mäuse und Sperlinge. Letztere soll sie auch tot annehmen.

Ihr Biß wirkt auf kleinere Tiere lähmend bezw. tötlich, da sie hinten im Rachen Furchenzähne besitzt, die mit einer hinter dem Auge liegenden Giftdrüse in Verbindung stehen.

Für größere Säugetiere, wie auch für Menschen ist der Biß völlig wirkungslos.

Durch die senkrecht stehende, schlitzartige Pupille erhält die Katzenschlange (Tarbophis vivax) ein otterähnliches, gefährliches Aussehen.

Im Behälter liegt sie tagsüber träge in irgend einem Winkel versteckt und beginnt ihre Wanderungen erst in den Dämmerstunden. Sie ist erheblich kleiner als die vorher beschriebenen Arten und wird daher oft in schönen, kleinen Exemplaren angeboten. In ihrem Verhalten erinnert sie sehr an Coronella laevis, frißt auch wie diese Eidechsen, welche sie durch ihren Biß vorher lähmt.

Harmlose, meist schön gezeichnete Tiere sind die Sandschlangen, von denen Eryx jaculus die weniger seltene Art ist. In Gefangenschaft muß man diesen zur Gattung der Stummelfüßler gehörigen Tieren einen erwärmten Käfig mit entsprechend hoher, sauberer Sandschicht anweisen, da sie nach Art der Wühlechsen meist im Sande verborgen bleiben. Ihre Rückenfärbung ist für gewöhnlich ein lichtes Ocker mit rostbraunen Flecken. Der Bauch ist mit gelben und schwärzlichen Flecken übersät. Der Schwanz ist stummelförmig, der Kopf erinnert in seinem Bau etwas an den des Apothekerskinkes. Skinke, sowie auch weiße

Mäuse bilden die Hauptnahrung der Eryxschlange in Gefangenschaft. Da sie eine tagsüber verborgene Lebensweise führt, werden ihr nicht viele Terrarienliebhaber Geschmack abgewinnen können, trotzdem man sie als recht haltbar bezeichnen kann.

Heimisch ist sie in Aegypten und dem westlichen Asien. —

Nunmehr kommen wir zu einer prächtigen Schlange, deren Haltung den fortgeschritteneren Terrarienfreunden sehr zu empfehlen ist, wenn er nur ihren durchaus nicht übertriebenen Anforderungen, die sie an Käfig und Pflege stellt, Rechnung trägt.

Es ist dies der indische Baumschnüffler (Dryophis mycterizans).

Zur Pflege dieses Tieres ist vor allem ein sonniger, ab und zu zu heizender Behälter nötig, welcher jedoch reichlich mit Blattpflanzen ausgestattet werden muß!

Da Dryophis ein echtes Baumtier ist, d. h. ausschließlich sich in belaubtem Geäst aufhält, muß in Gefangenschaft dieser Gewohnheit unbedingt Rechnung getragen werden.

Nur kranke Tiere werden sich öfters auf dem Kiesboden ihres Behälters aufhalten und sind so leicht von gesunden Individuen zu unterscheiden.

Da die Dryophiden von ungemein zartem Körperbau sind, so vermeide man es, sie öfters mit den Händen zu ergreifen, da sie sich sonst sehr leicht innere Verletzungen zuziehen können.

Steht man vor einem sachgemäß eingerichteten Terrarium, welches grüne Baumschnüffler beherbergt, so dauert es ziemlich lange, ehe man die oberseits prächtig blattgrün gefärbten Tiere entdeckt hat.

Gewöhnlich liegen sie in weiten, lockeren Schlingen, möglichst von Blättern gedeckt, im dichtesten Blättergewirr und lauern auf Beute.

Diese besteht in Gefangenschaft aus Muralisechsen, kleinen Zauneidechsen und auch aus Fransenfingern (Acanthodactylus). Letztere werden zwar vorzüglich verdaut, dürften aber ein etwas kostspieliges Futter sein.

Sobald man ein Futtertier in den Behälter gesetzt hat, wird der Baumschnüffler durch ein leises Bewegen der Blätter bemerkbar und macht sich zum Angriff fertig. Langsam senkt sich der spitzige Kopf hernieder, bis er plötzlich pfeilgeschwind, aber mit tötlicher Sicherheit auf das ahnungslose Beutetier losfährt und es am Hinterleibe gepackt, in die Luft hebt. Durch das Gift der hinteren Furchenzähne wird das Opfer schnell gelähmt, durch Aufwärtsgreifen schließlich am

Kopfe gepackt und verschlungen. Eine einmalige Fütterung in der Woche ist genügend.

Jegliche Störung, als Hantieren im Käfige, ist den Dryophiden verhaßt und stoßen kerngesunde Exemplare dann nicht selten nach der Hand des Störers.

Eigentümlich ist bei Dryophis mycterizans der Nasenfortsatz, welcher dem Tiere auch zu dem cognomen „mycterizans“ (nasenrümpfend) verhalf.

Wasser trinkt diese Baumschlange mit Vorliebe nur in Tropfenform, weshalb diesem Trinkbedürfnis durch tägliches Besprengen der Blattpflanzen Rechnung getragen werden muß.

In den Blättern für Aquarien- und Terrarienfreunde Jahrgang 1902 findet sich ein prächtiger Aufsatz über „Baumschlangen“ aus der Feder des hochverdienten Wiener Herpetologen Herrn Dr. Franz Werner.

Ueber den Körperbau von Dryophis schreibt genannter Herr an jener Stelle u. a. folgendes: „Der Rumpf und der Schwanz sind äußerst langgestreckt und schlank, ein langer, dünner Hals nimmt die enorm lange Luft- und Speiseröhre auf; die letztere ist auffallend weich und so zartwandig, daß sie völlig durchsichtig erscheint; auch das Herz ist sehr langgestreckt, von den beiden Lungen ist die eine etwa bohnengroß, die andere aber wieder außerordentlich lang und nur am anderen Ende so wie die kleinere mit Luftzellen und Blutgefäßen versehen, im weitaus größeren hinteren Teil dagegen einen einfachen, glatten Sack mit zarten Wandungen, ein großes Luftreservoir vorstellend.“

Am Schlusse dieses Kapitels wollen wir uns noch etwas näher mit einer Giftschlange befassen, die ja, trotz ihrer Gefährlichkeit in letzter Zeit häufiger als man meint, in Gefangenschaft gehalten wird, ja sogar zur Fortpflanzung im Behälter gebracht wurde.

Der Anfänger kann zwar vor der Gefangenhaltung der Kreuzotter, dieses bösartigen Reptils, nicht oft genug gewarnt werden, doch wird gerade dieses Gefährliche für manchen Naturfreund ein Ansporn zur Beobachtung des Tieres in Gefangenschaft sein, wie doch überhaupt alles Gefährliche seinen eigenen Reiz hat.

Wer sich durchaus mit diesem Tiere näher befassen will, der bringe es in einem peinlich genau schließenden und stets mittelst Schloß verschlossen zu haltenden Terrarium unter, das an einem stillen,

Figur 21. Kreuzotter. (Pelias berus.)

von jeglicher äußeren Störung freien Orte aufgestellt werden soll. Die Scheiben des Behälters wähle man recht dick. Man kann jedenfalls bei der Haltung dieses Tieres gar nicht vorsichtig genug sein!

Am Tage liegt die Kreuzotter (Pelias berus) träge an einer Stelle, erst in der Dämmerstunde kommt mehr Leben in sie. Zu füttern ist sie (wenn sie überhaupt ans Fressen geht!) mit Mäusen, Echsen und auch Fröschen, deren Annahme von maßgebender Seite mehrfach nachgewiesen wurde.

Zum Hantieren im Otternbehälter bediene man sich einer langen Zange und hüte sich, durch hastige Bewegungen oder sonstige Störungen die Wut der Schlange herauszufordern. Mit größtmöglichster Ruhe kommt man bei Giftschlangen am weitesten!

Die Kreuzotter erreicht eine Länge von 70 Zentimeter, ist jedoch meist bedeutend kleiner. Ihre Färbung ist eine bei den einzelnen Tieren sehr wechselnde, sodaß Tiere von völlig gleicher Grundfärbung sehr selten sind.

Von hellgrau bis dunkelgrau, dunkelbraun bis tief schwarz wechselt die Färbung in allen möglichen Abstufungen.

Stets aber läßt sich das charakteristische Zickzackband vom Kopfe bis zum Schwanze mehr oder weniger hervortretend, erkennen. — Wer das Unglück hat, von einer Kreuzotter gebissen zu werden, der öffne sofort die kleine Wunde durch Querschnitte, drücke sie kräftig aus, unterbinde sie sofort und brenne sie aus. Wenn irgend möglich, so nehme man alkoholreiche Getränke (Rum, Arac, Branntwein) in großen Mengen zu sich, da dies das sicherste Gegenmittel ist, und begebe sich vor allem sobald als möglich in ärztliche Behandlung.

An heißen Tagen, sowie von trächtigen Weibchen, ist der Biß der Kreuzotter am gefährlichsten.

## 3. Amphibienterrarien.

### 1. Die Behälter und ihre Einrichtung.

Wer sich der Amphibienpflege widmet, hat zwar vor dem Freunde der Reptilien das eine Vorteilhafte voraus, daß er seine Tierbehälter nicht mit Heizanlagen zu versehen braucht, muß jedoch andererseits seinen fast durchweg zarten Gefangenen eine viel größere Sorgfalt in der Pflege angedeihen lassen, als jener den seinigen.

Während man im Allgemeinen bei der Reptilienpflege am weitesten damit kommt, daß man seine Tiere möglichst in Ruhe läßt, muß man bei der Pflege und Haltung von Amphibien stets mit peinlichster Genauigkeit alle Tiere kontrollieren, da die zarte Amphibienhaut leicht für Verletzungen und Krankheiten mannigfachster Art empfänglich ist und zu spät entdeckte kranke Amphibien wohl stets zu Grunde gehen. Hieraus ergiebt sich, daß bei der Einrichtung der Amphibienterrarien darauf zu achten ist, daß die Insassen stets schnell einer Kontrolle unterzogen werden können.

Wie schon erwähnt, benötigen alle, auch die exotischen Amphibien keinen heizbaren Behälter.

Jedes einfache Terrarium, welches genügend durchlüftet werden kann, ist für Amphibien geeignet, nur hat man, je nach der Art und Größe der Gefangenen stets den Behälter mit einem entsprechend großen und tiefen Wasserbecken auszustatten. Wer sich speziell der sehr interessanten Molchpflege widmen will, der bringe seine Tiere in dem Seite 15 beschriebenen Terraaquarium unter, welches hierfür der am meisten geeignete, weil durchaus naturgemäße Aufenthaltsort für Molche ist.

Wem jedoch kein solches Terraaquarium zur Verfügung steht, der bringe Molche entweder in flachen Aquarien mit sehr dichtem Pflanzenwuchs unter,*) oder benütze die nach Herrn Dr. Wolterstorff einzurichtenden Molchterrarien, die man aus gewöhnlichen langgestreckten Aquarien in solche umwandelt und in denen sich durchweg so vorzügliche Resultate in jeder Beziehung erzielen lassen, daß der Amphibienfreund Herrn Dr. Wolterstorff für die Veröffentlichung seiner Methode gar nicht genug Dank wissen kann. (Siehe: Dr. Wolterstorff, Die Tritonen der Untergattung Euproctus Gené; bei Nägele in Stuttgart.)

Es handelt sich bei der Einrichtung solcher Behälter darum, ein Bachbett zu imitieren. Aus diesem Grunde sind eben langgestreckte, wenn auch nur schmale Aquarien recht geeignet.

Als Bodenschicht nimmt man eine flache Schicht scharfen Kies auf den verstreut noch runde flache oder eckige Kiesel zu liegen kommen. Den Landteil bildet eine auf vier steinernen Pfeilern ruhende

*) Ueber die Einrichtung, Bepflanzung 2c. von Aquarien siehe das in gleichem Verlage erschienene Werk von Dr. Bade: „Das Zimmeraquarium.“ Preis 1 M.

(starke) Glasplatte von quadratischer Form, welche einige Zentimeter über dem Wasserniveau aufliegt und mit einigen Moospolstern belegt ist. Durch entsprechend gekrümmte Zierkorkstücke wird man noch für einen bequemen Uebergang vom Wasser aufs Land und umgekehrt zu sorgen haben. Ein Wasserstand von ca. 10 Zentimeter genügt vollauf, gewisse Molcharten müssen sogar noch bei niedrigerem Wasserstande gepflegt werden.

Jedoch nicht nur Schwanzlurche, sondern auch Frösche gedeihen in solchen Behältnissen vorzüglich; für den Ochsenfrosch und Schmuckhornfrosch, also behäbige Gesellen, sind solche Aquaterrarien geradezu ideale Behälter.

Da die Hauptbedingung in der Lurchpflege peinlichste Sauberkeit ist, wird man gut tun, derartige Aquaterrarien mit einem recht schnell funktionierenden Abflußrohr versehen zu lassen, da das Wasser stets völlig klar sein soll und muß! Auch bei den stets größer zu haltenden Wasserbecken, die in den üblichen Amphibienterrarien untergebracht sein sollen, ist ein solches Abflußrohr von größter Wichtigkeit!

Für Landmolche als Salamandra, Salamandrina, Spelerpes sind Terrarien von dem Aussehen der Skizze Nro. 2 (natürlich fällt die Heizvorrichtung weg!) am geeignetsten. Diese Tiere benötigen ein flaches Wasserbecken, im tiefen würden sie ertrinken.

Daß man auch bei Wasserbecken den Tieren den Uebergang vom Wasser aufs Land soweit als möglich zu erleichtern sucht, dürfte einleuchten.

Wenn schon bei den Reptilienterrarien viel Wert auf eine gute Durchlüftung zu legen war, so muß dieser Punkt bei den Lurchbehältern noch mehr berücksichtigt werden. Die Hinterwand und das ganze Dach erhalten hier vorteilhaft keine Glasscheiben, sondern man bringt an Stelle dieser weitmaschige Dratgazetafeln an.

Recht große und vor allem auch sehr genau schließende Türen sind auch bei den Amphibienterrarien nur von Vorteil.

Was die Einbringung von Bodengrund in Lurchterrarien anbetrifft, so hat man in Liebhaberkreisen noch zu keiner rechten Einigung kommen können, ob Erde oder scharfer Sand einzubringen sei. Es bleibt die Lösung dieser Frage am besten dem Einzelnen selbst überlassen! Dem Neuling in der Lurchpflege möchte ich aber folgenden Rat geben, der das Resultat vieler Versuche ist:

In alle Terrarien, in denen vorwiegend landbewohnende Frösche und größere Schwanzlurche gehalten werden sollen, bringe man scharfen, mäßig feucht zu haltenden Sand; in Terrarien für alle Arten Laubfrösche, sowie kleinere Schwanzlurche (Salamandrina) ist guter Erdboden ohne Nachteil verwendbar. Ich will erklären, was mich zu dieser Methode veranlaßt!

Alle Froschlurchen haben die Angewohnheit, sobald sie in frisch gefangenen, gesunden Exemplaren in einen Käfig gebracht werden, plan- und ziellos im Behälter wie toll umherzuspringen; bald sind sie mit mächtigem Satze im Wasserbecken, daß das Wasser hoch aufspritzt, bald richten sie sich hoch an den sie beengenden Glasscheiben auf.

Die Folge davon ist, daß die dem nassen Froschkörper anhaftende Erde die schönen blanken Scheiben besudelt, das Tier selbst aber binnen kurzer Zeit über und über mit Erde beschmutzt ist. Größere Molche wühlen den Erdboden auf und sind dann auch über und über mit Erde bedeckt. Um diesem Uebelstande ein Ende zu machen, nimmt man für derartige Lurche eben scharfen Sand bezw. feinen Kies als Bodenbelag und wird von dann ab eine bedeutend größere Sauberkeit sowohl der Scheiben als auch der Tiere selbst konstatieren können. Auch das Wasser im Becken wird stets hübsch sauber und klar bleiben, während es vorher einer Pfütze nicht unähnlich sah! Laubfrösche und kleine Molcharten können in Terrarien mit Erdboden gehalten werden, erstere, weil sie doch wenig auf dem Boden weilen, kleine Molche, weil sie durch ihre geringe Körpergröße wenig Unheil anrichten können.

Durch Moospolster (wie solche auf flachen Dächern recht häufig sind!) wird man der Bodenfläche noch ein recht gefälliges Ansehen verleihen und besonders das Wasserbecken ringsum damit belegen, sodaß das von den Tieren abtropfende Wasser von den Polstern aufgesogen wird, wenn sie das Wasser verlassen und so einer eventuellen Ueberschwemmung des Landteiles nach Möglichkeit vorgebeugt ist. Damit dieser Fall jedoch möglichst verhindert wird, bringe man an den vier untersten Behälterkanten je eine kleine runde Oeffnung an, an die noch entsprechende, kurze Röhrchen zu löten sind.

Sollte nun der Landteil wirklich einmal zu feucht werden, so tropft alles überschüssige Wasser durch diese Röhrchen, unter die dann Näpfe zum Auffangen zu stellen sind, ab. — Während man bei den heizbaren Reptilienterrarien mehr durch Anbringen von dekorativ wirkendem Geäst oder Zierkork, als durch Einsetzen von Pflanzen den Behälter innen zu verschönen suchte, ist bei der Inneneinrichtung der Lurchhäuser einer Besetzung mit Pflanzen der weiteste Spielraum gegeben und erzielt man bei geschickter Zusammenstellung auf diese Weise prächtige Resultate.

## 2. Die Bepflanzung der Amphibienterrarien.

Bei der Bepflanzung von Amphibienterrarien hat man sich vorher zu überlegen, was für Tiere man in dem betreffenden Behälter zu halten gedenkt. Während der robuste Ochsenfrosch jeden zarteren Pflanzenwuchs durch sein Körpergewicht zur Unmöglichkeit macht, wird unser aller Freund, der Laubfrosch mit seinen Verwandten für jede Blattpflanze und jeden sprießenden Halm dankbar sein und seine Kletterkünste zeigen. Es wird sich demnach ein Bepflanzen von Amphibienterrarien nur dann empfehlen, wenn man kleine oder mittelgroße und vor allen nicht allzu heikle Arten hält. Letztere erfordern eine peinliche Kontrolle und wären durch einen dichten Pflanzenwuchs zu sehr unseren Augen entzogen. Man hält heikle Lurche deshalb entweder in kleineren, besonderen Behältern (Glaskrausen, Elementgläsern) oder bepflanzt den Behälter so, daß man ihn stets leicht überblicken kann.

Zur Bepflanzung von Terrarien, die einen schattigen, bezw. nur vorübergehend von der Sonne getroffenen Standplatz haben, eignen sich alle unsere bekannteren Blattpflanzen, welche im Schatten und bei feuchter Erde gedeihen.

Nehmen wir an, es soll ein Lurchhaus bepflanzt werden, das der Pflege von Hylaarten, Grasfröschen, Kröten, Feuer- und Mohrensalamandern dienen soll. Um den einzubringenden Pflanzen ein ungestörtes Fortkommen zu ermöglichen, wählt man verständig nur kleine, beziehungsweise mittelgroße Lurche aus. Wir würden in diesem Falle (um eben ein Beispiel anzuführen!) folgende Pflanzen wählen:

In der Nähe des Wasserbeckens wird Tradescantia viridis, sowie Bärlappmoos (Lycopodium) frei ausgepflanzt. In jeder der beiden Ecken an der hinteren Wand strebt ein recht feucht zu haltender Cyperus nach dem Terrariendach empor, während aus der dem Wasserbecken gegenüberliegenden Ecke eine mittelgroße Epheupflanze ihre Ausläufer durch das Terrarium sendet. Einige mit Moos bewachsene Steine bilden Miniaturhügel und die schönste Inneneinrichtung eines solchen Käfigs ist fertig. Als oberste, wenn auch nur 2—3 Zentimeter hohe Bodenschicht nehme man aber scharfen, sauberen Sand. Unter diesem kann ja schließlich immer noch eine entsprechend hohe Nährbodenschicht lagern, aus der dann die sich bald verteilenden Wurzeln ihre Nahrung holen.

Weitere brauchbare Pflanzen für unsere Zwecke sind die meist schön saftgrünen Selaginellen bei tadelloser Durchlüftung, ferner auch Pelargonien, Begonien, kleine Zimmerlinden, Farren. Neben Frauenhaar empfehle ich noch Ophiopogen und Reineckia als sehr ausdauernd!

Es hat wenig Zweck, eine große Anzahl für feuchte Terrarien brauchbar sein sollende Pflanzen hier anzuführen; die Auswahl hierfür ist eine so große, daß es dem Geschmacke des Einzelnen zu überlassen ist mit welchen Pflanzen, die Schatten und Feuchtigkeit lieben, er seine Behälter verschönern will! Wer sich jedoch recht eingehend mit der Pflege bezw. Kultur solcher Pflanzen befassen will, der schaffe sich Hesdörffers prächtiges „Handbuch der Zimmergärtnerei" an!

Hier sei nur kurz noch gesagt, daß die Pflege der im Terrarium stehenden Pflanzen hauptsächlich darin besteht, daß man dieselben täglich etwas gießt (ein Zuviel ist zu vermeiden!) und allabendlich mittels Drosophor bebraust, dann über Nacht die Lüftungsklappen schließt und so jenen künstlichen Nebel erzeugt, welcher zum Wohlbefinden von Pflanze und Tier nicht wenig beiträgt. Schließlich sei noch erwähnt, daß ein Amphibienterrarium durchaus nicht ängstlich vor jedem Sonnenstrahl bewahrt werden muß! Etwas Morgen- und Abendsonne ist für das Gedeihen der Pflanzen, wie auch der Tiere, von recht günstigem Einfluß, nur muß die Lüftungsanlage eine Innenlufterwärmung zu verhüten im Stande sein. Ein Standplatz mit Mittagssonne ist für diese Terrarien jedoch schädlich.

### 3. Die Bewohner der Amphibienterrarien.

Es wurde schon mehrfach betont, daß die Amphibienpflege eine größere Aufmerksamkeit und Mühseligkeit von dem Terrarienfreund fordert, als die Reptilienpflege.

Jedenfalls ist es recht vorteilhaft, wenn man die Amphibien weniger in Gesellschaftsterrarien, sondern ihrer wenige vielmehr in gesonderten, aber übersichtlichen Behältern unterbringt. —

Wenn zwar allen Amphibien ein gewisser Feuchtigkeitsgrad Lebensbedingung ist, so können wir trotzdem die Froschlurche (Ecaudata) sowohl, wie auch die Schwanzlurche (Caudata) in zwei Hauptgruppen sondern und zwar:

1. in solche, welche sich häufig im Wasser aufhalten;
2. in solche, welche nur in Ausnahmefällen direkt ins Wasser gehen.

Wir wählten diese Einteilung, um dem Anfänger bei der Besetzung seiner Behälter, die entweder ein recht geräumiges oder auch ziemlich kleines Wasserbecken aufweisen, einen wichtigen Fingerzeig zu geben.

Ehe wir mit der Besprechung der zuerst zu behandelnden Froschlurche beginnen, sei noch der bei den Amphibien sehr wichtigen Futterfrage gedacht.

Der fortgeschrittenere Lurchfreund nimmt zwecks Fütterung seine Pfleglinge aus dem Behälter heraus und sucht sie durch direktes Vorwerfen von Futtertieren satt zu machen, was auch gewöhnlich zu den besten Resultaten führt!

Eine zweite, bequemere Fütterungsmethode ist die, daß man den Tieren ihre Futternäpfe gefüllt in den Behälter stellt.

Diese Art und Weise hat aber den Nachteil, daß die gefräßigsten Lurche auf Kosten der übrigen zu gut davonkommen. Die einzelne, direkte Fütterung ist zwar zeitraubender, doch lernt hierbei das Tier sich an eine bestimmte Fütterungszeit gewöhnen und der Pfleger seine einzelnen Pfleglinge sehr genau kennen.

Ein gut verdauliches und leicht beschaffliches Futter bilden für die Amphibien Nachtschnecken, die auch fast durchgängig gern genommen werden. Sonst müssen Mehlwürmer, Mehlkäfer, Regenwürmer (die man in großen Blumennäpfen züchte!) oder nicht selten auch rohe Fleischstückchen, die man vor dem Tiere hin- und herbewegt, als Nahrung dienen.

In jüngster Zeit wird von einem Pariser Händler (Jeunet) recht oft ein lebendes Futter für Amphibien ꝛc. zu uns gesandt: Die roten Chironomusmückenlarven.

Diese zappelnden Tierchen, die in nasse Leinwand verpackt, gleich Wasserpflanzen, zu uns gelangen, werden selbst von heiklen Fressern wie Salamandrina ꝛc. gern genommen und gut verdaut. Ob ihrer roten Färbung sind sie von den plumpen Amphibien auch schnell erblickt und wird so auch die Freßlust erweckt! Den hohen Wert dieses Futters wird ganz besonders derjenige zu schätzen wissen, welcher Larven von Tritonen groß zu ziehen hat. Gerade für diese Tierchen ist die Chironomuslarve neben Daphnien ein sehr nahrhaftes Futter und ist es als solches auch schon mehrfach von maßgebender Seite erklärt worden. —

Da die Hylarten ganz besondere Fliegenfreunde sind, tut man gut, sich eine Fliegenzucht anzulegen, um stets das nötige Futter bei der Hand zu haben.

Zu diesem Zwecke genügt eine Einhalbliter-Glaskrause mit Gazedeckel. Die weitere Einrichtung einer solchen Fliegenzucht ist folgende:

In das Glasgefäß schüttet man eine kleine Portion Abraum aus einem Weichfutterfresserkäfig und legt obenauf ein kleines Stückchen rohes Fleisch oder Käse. Das Ganze wird schwach angefeuchtet und bei Sonnenschein vors Fenster gestellt. Binnen kurzer Zeit werden sich nun Fliegen in großer Zahl in diesem Gefäße einfinden und daselbst ihre Eier ablegen. Nach circa 2—3 Stunden nimmt man das Glas von seinem Standplatz weg und verbindet die Oeffnung mit Gaze. In wenig Tagen wird das Glas voller Fliegenmaden wimmeln. Diese Maden können schon mit gutem Erfolg bei der Molchlarvenfütterung Verwendung finden!

In ca. 4 Wochen haben sich die meisten Maden verpuppt und beginnen kurz darauf auch schon zahlreiche Fliegen auszuschlüpfen. Man stellt nunmehr die Zuchtkrause in das Terrarium, nachdem man vorher in die Gazehülle eine runde, kleine Oeffnung geschnitten hat, um den Fliegen einen Ausgang zu bieten. Die Laubfrösche sitzen dann gewöhnlich nebeneinander auf dem Glasrande und schnappen jede in der Oeffnung erscheinende Fliege gleich weg. Nebenbei gesagt, wird auch der Reptilienfreund bei der Pflege von Anolis oder Chamäleonen genötigt sein, solche Fliegenzuchten sich anzulegen.

Jedenfalls ist uns hiermit ein vorzügliches Mittel in die Hand gegeben, unseren Pfleglingen stets ein nahrhaftes und gern genommenes Futter zu bieten! (Vergl. auch Carow, über Fliegenzucht in „Natur und Haus" Bd. 8).

Die Futterfrage bei großen Amphibien wie Agakröte, Ochsenfrosch, Goldlaubfrosch wird an der betr. Stelle noch genauer erörtert werden, so daß wir hier abbrechen können, um mit der Schilderung der Lebensgewohnheiten 2c. der einzelnen Lurche zu beginnen.

## a. Froschlurche (Ecaudata).

Ein Tier, das durch seine „melodischen" Gesänge jedem Naturfreunde wohl näher bekannt sein dürfte, ist Rana esculenta, der grüne Wasserfrosch. Fig. 22. An sonnigen Teich- oder Wassergrabenrändern ist dieser bis 8 Zentimeter lang werdende grünröckige Geselle zur wärmeren Jahreszeit stets und in vielköpfiger Gesellschaft anzutreffen. Träge sitzen diese Tiere an der sonnigsten Stelle des Ufers oder wohl auch auf einem Seerosenblatt und nur der Tritt des näherkommenden Menschen oder gar das leise Rascheln ihrer anschleichenden Todfeindin, der Ringelnatter, vermag die bunte Gesellschaft in die Flucht zu jagen. Einer macht mit mächtigem Satz ins nasse Element den Anfang und alle anderen, groß und klein, folgen nach, um sich im Schlamm zu verbergen.

Da Rana esculenta sowohl durch Schönheit, wie auch durch Zähigkeit für unsere feuchten Terrarien mit großem Wasserbecken oder besser noch Aquaterrarien (Bau derselben siehe Seite 15) geeignet erscheint, ist es lohnend einige von ihnen im Frühjahr für das Terrarium zu erbeuten und im Herbste wieder frei zu lassen. Wer es aber vorzieht, die gefangenen Tiere selbst zu überwintern, der verfahre auf dieselbe Weise, wie bei den Reptilien an betreffender Stelle angegeben wurde, nur daß die Moosschicht, in der die Amphibien verborgen sind, stets mäßig feucht zu halten ist!

Um auf Rana esculenta zurückzukommen, so ist es ratsam, nur mittelgroße bezw. kleine Exemplare dieses Tieres in die Behälter zu setzen, da große Individuen über alle kleineren Mitbewohner des Käfigs herfallen und sie hinunterwürgen! Bei Rana esculenta, wie überhaupt bei allen größeren Froscharten, die man in einem verhältnismäßig kleinen Terrarium zu halten genötigt ist, empfiehlt es sich sehr, sie zeitweilig einmal aus dem Behälter herauszufangen und etwas frei herumspringen zu lassen, damit die kräftig entwickelte Muskulatur der Hintergliedmaßen nicht verkümmert. Es läßt sich diesem Springbedürfnis sowohl (unter Aufsicht!) in jedem Zimmer, wie auch Garten Rechnung tragen. Die Beachtung dieses Punktes ist bei der längeren Erhaltung der größeren Froschlurche durchaus nicht unwichtig! Man denke daran, welche Sätze kann ein Frosch in freier Natur machen und wie ist ihm dagegen der Raum in unseren Behältern bemessen! Rana esculenta ist mit jedem für Lurche geeigneten Futter zufrieden und dauert jahrelang in Gefangenschaft aus.

Während Rana esculenta in Freiheit stets in der Nähe des Wassers zu finden ist, hält sich sein Verwandter, der Grasfrosch (Rana temporaria) oft weit davon entfernt und ist auf Wiesen, in Gärten und Parkanlagen stets in allen Größen zu finden.

Auch Rana temporaria ist gleich esculenta in Gefangenschaft leicht zu erhalten. Während die beiden erwähnten Tiere häufig und allgemein in unserer deutschen Heimat zu finden sind, gehören der durch

Figur 22. Grüner Wasserfrosch. (Rana esculenta),

seine besonders langen Hinterbeine erkenntliche Springfrosch (Rana agilis), sowie der spitzschnäuzige Moorfrosch (Rana arvalis) zu den recht selten anzutreffenden Lurchen unserer Heimat. In der Umgegend von München ist das öftere Vorkommen von Rana agilis durch die Herren der Münchener „Isis" einwandfrei nachgewiesen! Zur Zeit Nitsches gelangte häufig ein prächtiger Ranide zu uns, welcher heute bereits wieder zu den Seltenheiten gehört: der Leopardfrosch (Rana virescens). Ueber sein ansprechendes Aeußeres sei kurz folgendes erwähnt: Im Allgemeinen von der Gestalt unseres Wasserfrosches, übertrifft der Nordamerikaner diesen doch um vieles, was Farbenpracht anbelangt. Die olivgrüne Rückenzone ist durch eine Anzahl hell gesäumter dunkelbrauner Flecke von quadratischer bis ovaler Form verziert, die sich auch bis auf die Schenkel erstrecken, dort aber einer ringförmigen Zeichnung gleichen. Der Bauch, wie die Kehle sind schön gelblichweiß.

Leopardfrösche sind bei derselben Pflege wie unsere Wasserfrösche recht ausdauernd.

Zu den Riesen unter den Amphibien gehört der Ochsenfrosch (Rana catesbyana), heut in unseren Terraaquarien kein seltener Gast mehr!

Ob seiner Größe und seines Gewichtes wird Rana catesbyana aus jedem „sachgemäß bepflanzten" Behälter zu verbannen sein, da es in kürzester Zeit um den Pflanzenwuchs sehr arg bestellt sein dürfte.

Sehr zweckmäßig pflegt man diesen robusten Gesellen in einem entsprechend großen Aquarium (z. B. 50:40:35 Zentimeter in das schräg abfallend eine Schicht Kies geschüttet wird und außerdem noch 2—3 flache Steine gelegt werden. Ein weites Abflußrohr ist von Wichtigkeit. Das Wasser kann in einem so eingerichteten Behälter 8—15 Zentimeter an tiefster Stelle stehen. Selbstredend ist der Behälter durch ein Gazedach zu verschließen.

In einem solchen Aquarium pflegt der Breslauer Zoologische Garten schon seit 4 oder 5 Jahren einen Ochsenfrosch, der auch heut noch in tadelloser Form ist.

Die Hauptsache ist, stets das Wasser glasklar zu halten und dem Frosch von Zeit zu Zeit Gelegenheit zu bieten, sich außerhalb des Behälters ordentlich auszuspringen, damit seine Schenkelmuskeln nicht verkümmern. Ueber das Aeußere des Ochsenfrosches läßt sich Folgendes sagen:

Er besitzt ungefähr die Gestalt von Rana esculenta. erreicht jedoch nicht selten eine Körperlänge von 20 Zentimeter. Die glatte Rückenzone weist ein düsteres Braungelb auf. Nach dem Kopf zu geht diese Farbe in ein mattes Grün über. Der Bauch ist gelblich-weiß, das Männchen zeigt an Brust und Kehle dunkle Flecken. Die Iris des Auges ist prächtig goldig. Das Trommelfell fällt sofort durch seine Größe auf.

Trotz der enormen Gefräßigkeit des Ochsenfrosches ist es doch nicht schwer, das nötige Futter herbeizuschaffen. Der Ochsenfrosch frißt nämlich alles, was er bewältigen kann. Tau- oder Wasserfrösche verschlingt er mit gleicher Gier wie junge Sperlinge, Mäuse, Käfer oder Mehlwürmer. Zwei bis drei entsprechend große Frösche dürften ihm für eine Woche genügen, doch wird er auch vier oder fünf mit gleichem Appetit verzehren, wenn man sie ihm vorwirft!

Häufig werden von den Händlern auch jetzt Larven des Ochsenfrosches angeboten. Diese halte man bis zur völligen Umwandlung in Aquarien, in denen sich eine üppige Algenvegetation entwickelt hat. Diese Algen bilden für die Larven aller Frösche ein nahrhaftes Futter. Den Ochsenfroschlarven empfiehlt es sich auch nebenbei noch kleine Fleischstückchen, tote andere Kaulquappen 2c. zu reichen. Die Larve des Ochsenfrosches erreicht die Größe der nun zu behandelnden Knoblauchskröte, bezw. deren Larve, wird aber nicht selten noch von dieser übertroffen. Die Knoblauchskröte (Pelobates fuscus), zur Gattung der Krötenfrösche gehörig, bildet wie dieser Name schon sagt, einen Uebergang von den Ranaarten zu den Bufoniden, den Kröten. Ihren Namen verdankt sie der Fähigkeit, im Schreck oder bei Erregung einen nach Knoblauch riechenden Saft absondern zu können.

Dieses Tier erreicht eine Länge von ca. 7 Zentimeter und ist ganz entsprechend gezeichnet. Auf dem hellgelben bis hellgrauen Rücken finden sich dunkelbraune, unregelmäßige Flecken.

Durch die Grabschwielen an den Hinterfüßen sind die Knoblauchskröten befähigt, sich in das Erdreich einzugraben und verweilen sie in solchen Erdhöhlen den Tag über, um erst bei eingetretener Dämmerung der Nahrungssuche nachzugehen. Im allgemeinen führen die Knoblauchskröten ein recht verstecktes Dasein und wird man sie am besten zur Laichzeit im Frühjahr erbeuten können, da sie sich dann mit den bedeutend größer werdenden Weibchen in stehende Wässer oder Gräben begeben, und daselbst ihrem intensiven Fortpflanzungstrieb zu genügen. Dieser äußert sich bei den Männchen derart mächtig, daß nicht selten mehrere von ihnen ein Weibchen mit ihren Vorderfüßen so umklammern, daß sie es ersticken. Weibliche Tiere der Knoblauchskröte sind bedeutend seltener zu finden als Männchen und darin findet der eben erwähnte Fall seine Erklärung. Männchen, welche ihrem Fortpflanzungstriebe in Gefangenschaft nicht genügen können, dürften infolgedessen bald eingehen. (Dies gilt für die Froschlurche auch im Allgemeinen!) In Gefangenschaft hält sich Pelobates fuscus recht gut und ist mit Fliegen, Käfern, Spinnen, Mehlwürmern und Schmetterlingen leicht zu ernähren. Sie ist von etwas lebhafterem Temperament als die echten Kröten, doch teilt sie mit diesen die Vorliebe für dunkle Verstecke.

Man hat also diesem Punkte bei der Einrichtung eines Terrariums für Kröten speziell Rechnung zu tragen.

In den stehenden Gewässern mancher Gegenden fallen zur Zeit der Sommermonate die riesigen Larven von Pelobates fuscus auf; Exemplare von einer Länge bis zu 17 Zentimeter sind relativ häufig zu finden. Es ist immerhin interessant, einige dieser Kaulquappen zu fangen und in einem Aquarium die Metamorphose d. i. die Umwandlung der Larven in den völlig ausgebildeten Tierkörper zu beobachten.

Sobald das betreffende Tier jedoch soweit ausgebildet ist, daß der Schwanz einzuschrumpfen beginnt, muß man durch Einhängen von Zierkorkstücken dafür sorgen, daß der Pflegling das Wasser verlassen kann.

Tiere, die fast nie das Wasser verlassen und denen deshalb im Terrarium ein recht geräumiges Becken anzuweisen ist, sind die Unken.

Wir unterscheiden zwei Arten: Bombinator pachypus, die gelbbauchige und Bombinator igneus, die rotbauchige Unke. Während im Freien die letztere hauptsächlich in der Ebene vorkommt, ist Bombinator pachypus im Gebirge zu finden. In stehenden Gewässern mit von Wasserlinsen ꝛc. bedeckter Oberfläche kommen sie in kleineren oder größeren Gesellschaften vor und lassen zur Zeit der Dämmerstunde ihr wehmütiges, monotones Rufen hören.

Der Rücken von Bombinator pachipus ist dunkelgrau schlammfarbig, der Bauch intensiv hellgelb gefärbt und mit blaugrauen oder schwärzlichen Flecken bedeckt. Das Tier wird 4, seltener 5 Zentimeter lang.

Die Rückenzone der rotbauchigen Unke ist schwarzgrau mit schwarzen Warzenflecken, der Bauch schön schwarz mit weißen Punkten übersät, neben denen noch prächtig menningrote Flecken dem Bauche eine schöne Zeichnung und Färbung verleihen.

Wer die Unken einmal in seinen Tierbestand aufgenommen hat, der wird sie auch ungern wieder missen, denn durch ihre jahrelange

Haltbarkeit und Zahmheit werden sie jeden Terrarien- oder auch Aquarienfreund sehr bald für sich eingenommen haben. In einem schön mit Schwimmpflanzen versehenen Aquarium halten sie sich vorzüglich, nur suche man sie vor allzugrellen Sonnenstrahlen durch Verstellen der beschienenen Glasseite mit Papptafeln zu schützen.

Ein sehr gern von Unken genommenes Futter sind Fliegen, die man einfach auf die Wasseroberfläche wirft.

Ein zwar selteneres, aber schon durch seine Laichpflege hochinteressantes Tier ist Alytes obstetricans, die Geburtshelferkröte.

Alytes obstetricans ist ein kleines Tier von 4 Zentimeter Länge. Der blaugraue Rücken ist mit je einer, hinter dem Auge beginnenden Reihe weißlicher Warzen bedeckt.

Den Namen erhielt das Tier durch die eigentümliche Brutpflege. Zur Zeit der Eiablage hockt das Männchen auf dem Rücken des Weibchens und erwartet den Moment, wo der Anfang der Eierschnur von dem weiblichen Tiere ausgestoßen wird. Die Eierschnur wird von dem Männchen nunmehr mit den Zehen des einen Hinterfußes gepackt, so weit als möglich herausgezogen; dann fassen die Zehen des anderen Fußes zu und ziehen weiter. So geht es abwechselnd, bis die ganze Eierschnur heraus ist. Diese wird von dem Männchen befruchtet und schlingt sich dasselbe die Schnur in mehreren Schlingen um beide Hinterschenkel. Mit dieser Bürde zieht es sich auf einige Tage in eine kleine selbstgegrabene Erdhöhle zurück, um erst nach dieser Zeit die Eierschnur im Wasser abzusetzen, wo dann alsbald die kleinen Larven ausschlüpfen.

In der Gefangenschaft hat sich Alytes obstetricans bei der üblichen Lurchpflege vorzüglich gehalten und ist auch schon des öfteren zahlreiche Nachzucht von ihr erzielt worden. Jedenfalls ist sie in Gefangenschaft lebhafter als ihre Verwandten, die Bufoniden.

Diese sind plumpe, träge Gesellen, aber in angemessenen Exemplaren trotzdem gern gesehene Gäste in unseren Terrarien. Der Hauptgrund hierfür mag ihre jahrelange Ausdauer sein, doch haben auch ihre plumpen Bewegungen etwas drolliges an sich.

Leider gehören die Kröten zu den verrufensten und am meisten verachteten Tieren bei dem Laien. Wer sich näher mit ihnen befaßte, wird ihnen ob ihrer Gutmütigkeit ein besseres Zeugnis ausstellen.

In der Natur machen sie sich durch Vertilgen schädlicher Insekten so nützlich, daß ihre Existenzberechtigung schon aus diesem Grunde anerkannt werden müßte. Statt dessen werden sie aber in roher Weise verfolgt und erschlagen.

Die gemeinste der Kröten in unserer Heimat ist die graue oder braune Erdkröte (Bufo vulgaris). Sie ist von ihren Artsgenossen noch am relativ häufigsten zur Zeit der Dämmerung anzutreffen. Sie ist graubraun auf dem warzigen Rücken gefärbt. Das schönste an ihr sind, wie überhaupt bei den Kröten die ausdrucksvollen großen Augen.

Im Terrarium mit hoher Sandschicht ist sie unbegrenzt haltbar und liebt sie es, sich tagsüber in selbstgegrabenen Höhlen versteckt zu halten. Da jedoch im Terrarium für gewöhnlich bei Tage gefüttert wird, so gewöhnt sich die Kröte sehr schnell daran, auch bei Tage ihren Unterschlupf zu verlassen und auf die Suche nach Beute auszugehen. Diese besteht in allerhand Insekten. Mit Vorliebe nimmt sie jedoch, wie auch ihre Artsgenossen, Mehlwürmer und verdaut sie auch gut. Das Wasserbecken sucht sie nur selten auf. Oft kommt es vor, daß frischgefangene Erdkröten ein klagendes Quäcken hören lassen, was ungefähr den Tönen entspricht, die ein junger Hund hervorbringen kann.

Dies ist das sicherste Anzeichen, daß die arme Kröte einem furchtbaren Leiden zum Opfer fiel und das seinen Sitz in den Nasenlöchern des Tieres hat. Es hat dann nämlich eine Schmeißfliege ihre Eier in ein Nasenloch des Tieres gelegt und schon nach kurzer Zeit entschlüpfen die weißen 2—3 Millimeter langen Maden den Eiern.

In dem betreffenden Nasenloche beginnen sie nun ihr sofortiges Zerstörungswerk, indem sie zunächst die Nasenwandung durchfressen dann aber sich tiefer in den Kopf des schrecklich leidenden Tieres bohren, bis sie auf das Gehirn kommen. Ein so infiziertes Tier ist in der Natur nicht im Stande sich zu helfen, sondern geht dem qualvollen aber sicherem Tode entgegen. In Gefangenschaft ist einer derart erkrankten Kröte leichter Heilung zu verschaffen, wenn man in das betr. Nasenloch mehrere Male einen halben Tropfen Lysol (1 : 10) rinnen läßt. Hierdurch werden die schmarotzenden Maden sicher getötet und lassen sie sich mittels feiner Pinzette leicht herausziehen.

Bei anderen Kröten, als der Erdkröte, konnte ich etwas Aehnliches trotz reichlichen Beobachtungsmaterials nie feststellen.

Eine durch ihre schönen Farben ausgezeichnete Kröte ist die grüne oder die Wechsel-Kröte (Bufo variabilis). Dieses Tier ist wirklich ansprechend gezeichnet, so daß man als Laie stets glaubt, irgend ein exotisches Tier vor sich zu haben. Ein mir vorliegendes Prachtexemplar von 9 Zentimeter Länge ist folgendermaßen gezeichnet: Der nicht so warzenreiche Rücken als bei Bufo vulgaris ist olivgrün gefärbt und mit kleinen schwarzen Pünktchen übersät. Neben dieser Färbung tritt deutlich eine ziemlich symmetrische Netzzeichnung von gelbweißer Färbung hervor, die nach den Seiten zu in Reinweiß übergeht und die eigentliche Grundfarbe ist. Diese Zeichnung ist wieder durch schön mennigrote Flecken und Punkte verziert, welche namentlich zu beiden Seiten des Kopfes hervortreten und dem Tiere ein wunderhübsches Aussehen verleihen. Die Bauchseite ist weiß und mit blaugrünen unregelmäßigen Flecken gezeichnet; die Kehle ist reinweiß. Die Iris des großen Auges ist schön grün. Bufo variabilis ist bedeutend beweglicher und schneller als die Erdkröte und kann man ihr schnelles Hüpfen schon annähernd mit dem eines Grasfrosches vergleichen. In Gefangenschaft erweist sie sich, wie alle Kröten, als sehr ausdauernd und geht sofort ans Futter, wenn dieses nur aus lebenden Insekten besteht. Berührt man sie, wenn sie in einer Ecke sitzt, mit dem Finger an der Nase, so duckt sie sich zuerst zusammen, betupft man sie weiter, so stößt sie plötzlich mit dem Kopf energisch nach dem Finger, sodaß man verblüfft zurückfährt. Denselben Abwehrungsversuch konnte ich beobachten, als ihr eine in demselben Terrarium untergebrachte kleine Alligatorschildkröte über die Nase kriechen wollte: das Tier bekam einen Stoß, der es 5 Zentimeter weit fortschleuderte und auf den Rücken warf.

Noch seltener zu finden als die eben erwähnte Kröte, ist Bufo calamita, die Kreuzkröte. Sie ist bedeutend plumper gebaut als die viriabilis und kann infolge ihrer sehr kurzen Hinterbeine nur ganz kleine Sätze machen, wenn sie nicht, was auch gewöhnlich der Fall, einfach nach Krötenart auf allen Vieren davonhumpelt. Von ihren Artsgenossen ist sie sofort und leicht durch jenen schwefelgelben Strich zu unterscheiden, der mitten auf dem Rücken sich hinzieht und gleich hinter den Augenwülsten beginnt.

Die Hauptfärbung ist ein Braungrün mit zahlreichen rötlichen Flecken.

Auch sie ist in Gefangenschaft bei vernünftiger Pflege und kalter Ueberwinterung sehr lange zu erhalten. —

Der Riese unter den Bufoniden ist die amerikanische Aga (Bufo marinus). Dieses Tier erreicht eine Länge von 20 Zentimeter und ist in Süd- und Mittelamerika recht häufig zu finden.

Die jetzt öfters importierten Exemplare stammen meist aus Argentinien und bilden eine annehmbare Bereicherung für die Amphibienbehälter.

Allerdings ist es notwendig, daß in einem für die Aga bestimmten Behälter absolute Trockenheit herrsche, also völlig trockener Sand oder Kies zur Bodenfüllung benützt werde. Um dem Feuchtigkeitsbedürfnis des Tieres Rechnung zu tragen, bringe man in dem Behälter entweder ein großes Wasserbecken an, oder bade die Aga alle 3—4 Tage in einer Schüssel außerhalb des Terrariums.

Würde die Aga gezwungen sein, längere Zeit auf feuchtem Boden im Behälter zuzubringen, so dürften sich bald jene Hautgeschwüre einstellen, welche meist den Tod des Pfleglinges zur Folge haben.

Als Nahrung reiche man Bufo marinus lebende Würmer, Nachtschmetterlinge, Käfer oder kleine Eidechsen; Frösche werden verschmäht.

Auffallend sind an dem auf dem Rücken graubraun mit schwärzlichen Flecken gefärbten Tiere die mächtig großen Ohrdrüsen. —

Anmutige, farbenschöne Gesellen sind die Laubfrösche (Hyla), von denen das Ausland zahlreiche Arten beherbergt. Der bei uns allgemein vorkommende Laubfrosch (Hyla arborea) ist wohl jedermann bekannt. Fig. 23.

Leider läßt man dieses im Normalzustande prächtig grün gefärbte Tier häufig aus Unkenntnis langsam dahinsiechen, denn es ist grundfalsch und eine Tierquälerei, es in einer engen, halb mit Wasser gefüllten Glaskrause, in der unumgänglich noch eine Leiter stehen muß, zu halten.

In solchen Marterkästen führen die Tiere nur ein Scheindasein und ändern auch bald ihre leuchtend grüne Farbe in ein schmutziges Grau oder Schwarzgrün.

Wer einen Laubfrosch vernünftig pflegen will, der bringe ihn in einem gut ventilierten und reichlich mit Blattpflanzen besetzten Terrarium unter. Dasselbe braucht durchaus nicht unbedingt groß zu sein, nur sei es stets für frische Luft zugänglich und biete dem Frosch ein frisches grünes Blättergewirr, in dem er sich aufhalten kann. Die im Handel befindlichen „Froschhäuschen" sind ja ganz praktisch, nur müssen von einer Besetzung mit Tieren mindestens zwei auswechselbaren Seitenglasscheiben mit entsprechend großen und weitmaschigen Drahtgazeplatten vertauscht werden, damit die erwähnte, wichtige Luftzirkulation ausgiebig stattfinden kann. Die beigegebene Leiter entferne man, weil nicht natürlich wirkend, bedecke den Boden 2—3 Zentimeter hoch mit feuchtem Sande und stecke in diesen eine Anzahl Weidenstengel mit dichtem Blätterwuchs. Auf diese Weise hat man den Laubfröschen ein sehr behagliches Heim geschaffen, in dem sie dann auch viele Jahre ausdauern. Die ganze Instandhaltung eines solchen Häuschens erstreckt sich auf ein öfteres Erneuern der Blattstengel und einer etwa monatlich vorzunehmenden Erneuerung des Sandes.

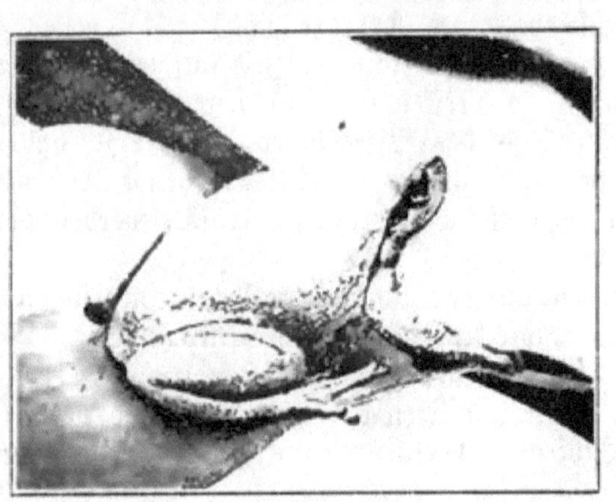

Figur 23. Laubfrosch. (Hyla arborea).

Allerdings kann man in solchen „Froschhäuschen" höchstens 2—3 Stück zusammenhalten, da sie ziemlich klein angefertigt werden. Wer jedoch eine größere Anzahl von Hylen und zwar verschiedene Arten pflegen und beobachten will, der richte ihnen ein mittelgroßes Terrarium (ca. 50: 30: 50 Zentimeter entsprechend ein. Gerade bei der Pflege von Laubfröschen in besonderen Behältern läßt sich die auf die Pflege von Blattpflanzen, Moosen und Farren, damit vereinigen, denn die Frösche schaden in mittelgroßen Exemplaren selbst der zarten Selaginella nichts.

Ein solches, dicht mit Ophiopogon, Reineckia, Selaginella und diversen Farren besetztes Terrarium wird jeden Pflanzenfreund entzücken, der Tierfreund dagegen kann sich an dem Wohlbefinden seiner Pfleglinge erfreuen, die dann nicht mehr an den Scheiben kleben, sondern auf den Blättern der Pflanzen sitzen und aufmerksam auf jede Fliege lauern, die sich etwa im Behälter befindet.

Um die vorher angeführten Pflanzen recht üppig gedeihen zu lassen, suche man durch zeitweises Schließen der Lüftungsklappen eine feuchte Athmosphäre zu schaffen, doch lasse man dabei nie außer Acht, daß die Luft im Inneren des Terrariums verdirbt, wenn die Klappen zu lange geschlossen bleiben. —

Nach dieser hier notwendigen Abschweifung kehren wir wieder zur Hauptsache zurück!

Durch die Tätigkeit rühriger Importeure sind wir heute in der Lage, unseren Lurchhäusern auch exotische Laubfrösche einverleiben zu können.

Von diesen ist der farbenwechselnde Laubfrosch (Hyla versicolor) aus Nordamerika einer der ausdauerndsten.

Wie schon der Name besagt, besitzt dieses Tier (in hohem Grade) die Fähigkeit, seine Färbung zu ändern. Für gewöhnlich ist der hellgraue Rücken mit einer dunkleren Fleckenzeichnung bedeckt. Man sagt diesem Tiere nach, daß es für andere Frösche giftig sei, dies ist jedoch so aufzufassen, daß Hyla versicolor in Angst oder Erregung einen Saft ausschwitzt, welcher auf andere zufällig mit ihm dann in direkte Berührung kommende Froschlurche tötlich wirkt. Jedenfalls aber ist es ausgeschlossen, daß die zufällige, momentane Berührung eines Froschlurchs mit einer gesunden und im Ruhestand befindlichen Hyla versicolor tötlich wirkt!

In einem, wie vorhin eben angegeben, mit Pflanzen ausgestatteten Terrarium dürften solche Zwischenfälle ausgeschlossen sein!

Bedeutend schöner, aber leider auch hinfälliger als der eben behandelte Laubfrosch ist der ebenfalls aus Nordamerika stammende Anderson'sche Laubfrosch (Hyla Andersoni).

Der saftgrüne Rücken ist von der weißen Bauchseite durch einen beiderseitig am Körper entlanglaufenden goldgelben Streifen scharf getrennt.

Hyla Andersoni ist jetzt schon wieder ein seltener Gast in unseren Hylenhäusern, da infolge seiner Hinfälligkeit die Nachfrage so ziemlich aufhörte und die Händler sich dankbareren Objekten zuwandten.

Eine durch ihre Größe sich auszeichnende Hyla ist der australische Goldlaubfrosch (H. aurea).

Das Tier wird bis 8 Zentimeter lang und verdankt seinen Namen der bei manchen Exemplaren schön grünen und mit goldgelben Flecken übersäten Rückenzone. Außer solchen Prachtstücken werden wir aber noch andere Exemplare zu Gesicht bekommen, die bescheiden braun gefärbt sind und nichts von der Pracht ihrer Brüder auch nur ahnen lassen. Dem äußeren Aussehen nach ähnelt Hyla aurea viel eher einer Rana als einem Laubfrosch. Da die Haftscheiben bei dem Goldlaubfrosch ziemlich klein sind, wird die Möglichkeit einer Verwechselung für den Laien noch größer.

Eine prachtvolle, völlig naturwahre Abbildung dieses Tieres finden wir nebst einer Monographie aus der Feder von Meister Lorenz Müller-Mainz in „Natur und Haus" Bd. X. fol. 316. An dieser Stelle giebt Müller auch die Beschreibung eines zweckdienlichen Be-

Figur 24. Korallenfinger. (Hyla coerulea).

hälters für Hyla aurea an: In einem kleinen Terrarium ist der Boden mit Quarzsand bedeckt; auf diesem liegen mehrere flache Steine mit einem Moosstück. Der Behälter wird ca. 5 Zentimeter hoch mit sauberem Wasser gefüllt und dieses zeitweilig erneuert.

Der Goldlaubfrosch sitzt nun entweder im Wasser oder aber auf den Steinen, höchst selten jedoch klebt er nach Art von Hyla arborea an den Scheiben seines Behälters. Seine Nahrung besteht neben Regenwürmern, Schaben, Mehlwürmern oder großen Fliegen aus Fröschen von entsprechender Größe, also 2—3 Zentimeter Länge.

Da Hyla aurea bei der nötigen Sauberkeit sehr ausdauernd ist, kann seine Anschaffung nur empfohlen werden.

Gleichfalls aus Australien stammt und ebenfalls eine respektable Größe erreicht, ist Hyla coerulea, der Korallenfinger. Figur 24.

Die präparierten Spiritusexemplare dieser Hyla weisen eine blaue Farbe auf und war dieser Umstand die Veranlassung, daß man ihr den Beinamen: coerulea — die Blaue gab. Bei Hyla coerulea sind die Haftscheiben der Körpergröße angemessen, wie überhaupt dieser Frosch unserem heimischen Laubfrosch sehr ähnelt, nur daß sich dieser zu ihm verhält, wie 1:3.

Ein Laubfrosch in Miniaturausgabe ist der 1,5 Zentimeter lang werdende Grillenfrosch (Acris gryllus) aus Nordamerika. Auf rotbraunem Rücken weist er dunkle Flecken auf und macht einen ziemlich unscheinbaren Eindruck. Trotz seiner Winzigkeit vollführt er jedoch mächtige Sprünge. Er hält sich vorwiegend auf dem Erdboden auf oder klettert zwischen Grashalmen umher. In Gefangenschaft halte man ihn am besten gesondert, da er zu klein ist und daher leicht von einem größeren Lurch verzehrt werden kann. Um ihn leichter durch die Wintermonate zu bringen, suche man ihn beizeiten an kleine Mehlwürmer zu gewöhnen, da man Fliegen mitten im Winter schwer für ihn beschaffen könnte. —

Da die Hylenfamilie eine so artenreiche ist, steht zu erwarten, daß uns die nächste Zeit wieder neue brauchbare Bewohner für unsere Terrarien zuführt.

## b. Schwanzlurche (Caudata).

Unter den landbewohnenden europäischen Molchen gebührt ob seines schönen Farbenkleides dem Feuersalamander (Salamandra maculosa) der erste Rang. Auf pechschwarzem Grunde trägt das Tier eine hübsche, intensiv gelbe oder orangefarbene Fleckenzeichnung, die sich auf dem Rücken vom Kopf bis zum Schwanze erstreckt; der Bauch ist einfarbig schwarz. Salamandra maculosa ist ebenso wie Hyla versicolor befähigt, in der Erregung einen scharf ätzenden Saft abzusondern, welcher von verderblicher Wirkung für andere Tiere ist. So verenden beispielsweise Ringelnattern, die einen Feuersalamander hinunterwürgten stets, dasselbe wurde auch schon an Ochsenfröschen konstatiert. Der Feuersalamander wird bis 15 Zentimeter lang. In manchen gebirgigen

Gegenden ist er nach einem Regen oft massenhaft zu finden. Wenn man ihm einen sauberen, feuchten, schattigen Behälter anweist, in den man etwas verrotteten Schiefer einbringt, so kann man ihn jahrelang halten. Er ist jedoch ein recht stumpfsinniger Gefangener, der mehr durch seine Schönheit als seine Beweglichkeit sich Freunde verschafft hat.

Neben Mehlwürmer, die man nur im Notfalle oder nebenbei verfüttere, nimmt er auch Regenwürmer und Nachtschnecken an.

Oft gelangt man in Besitz von trächtigen Weibchen dieses Tieres, welche dann auch ihre Jungen im Wasserbecken des Terrariums gebären. Die Jungen erblicken das Licht der Welt schon ziemlich entwickelt d. h. als durch Kiemen atmende Larven. Es ist auch hier interessant, diese Larven groß zu ziehen, was in einem gut bepflanzten, wenn auch nicht großen Aquarium geschehen kann. Als Nahrung reiche man den Tieren in der ersten Zeit Wasserflöhe und Chironomusmückenlarven. Später dagegen Regenwürmer und kleine Fleischfasern, die man vor den Tieren hin- und herbewegt.

Sobald die Kiemenverästelungen beginnen einzuschrumpfen, muß man den Jungen durch Einbringen eines Zierkorkstückes Gelegenheit bieten, beliebig das Wasser verlassen zu können, anderenfalls ertrinken die nicht sehr gewandten Tierchen.

Kleiner und zierlicher gebaut als der Feuersalamander ist der in den südlichen Alpenländern häufig vorkommende Mohrensalamander (Salamandra atra). Sein Farbenkleid ist ein einfaches: Der Rücken ist einfarbig schwarz, der Bauch erscheint durch eine braune Punktierung heller. In Gefangenschaft ist Salamandra atra ebenso wie maculosa zu behandeln und ist er bei der richtigen Pflege ebenso ausdauernd. Bemerkenswert ist an S. atra, daß die Weibchen desselben stets nur ein oder zwei Junge, jedoch völlig ausgebildet, zur Welt bringen; weibliche S. maculosa gebären jedoch 30—50 Stück Larven.

Ein Tierchen, das fast stets von Wilh. Krause, Krefeld um mäßigen Preis zu erstehen ist, ist Salamandrina perspicillata, die Brillensalamandrine.

Das ca. 7 Zentimeter lang werdende Tierchen ist von schwarzbrauner Rückenfärbung. Mit dieser steht eine hellgelbe Zeichnung, des Kopfes von ungefähr solcher V Gestalt in schönem Kontrast. Der Bauch ist prächtig hellrot und schwarz gezeichnet.

Charakteristisch ist der Gattung Salamandrina, daß ihre Vertreter an Vorder- und Hinterfüßen nur je vier Zehen haben, während die Schwanzlurchen sonst an den Hinterfüßen fünf Zehen aufweisen.

In Italien wird Salamandrina in der Nähe kleiner Bäche unter Steinen gefunden; ihre Versteckplätze verläßt die Salamandrina nur nach Regenwetter oder wenn des Abends der Tau fällt. In Gefangenschaft halte man die kleinen, interessanten Tiere nicht auf allzu feuchtem Bodengrunde; sie lieben die Trockenheit mehr als die Nässe. Ein kleines und flaches Wassernäpfchen genügt ihnen vollkommen. Ich halte Salamandrinen seit 1½ Jahren (nach manchem Verluste!) in Glaskrausen von 15 Zentimeter Durchmesser; deren Boden ist mit einer 5 Zentimeter hohen Erdschicht bedeckt und ist in diese Tradescantia viridis dicht gepflanzt. In diesem Blättergewirr, das allabendlich mit feiner Brause mäßig benäßt wird, fühlen sich die Tierchen sehr wohl, nur konnte ich sie bis heute noch nie beim Fressen beobachten. Viele Exemplare gehen ja tatsächlich an Nahrungsverweigerung zu Grunde, doch ist die Freude für den Pfleger um so größer, wenn er erst einige Exemplare eingewöhnt hat.

Ist man in den Besitz eines trächtigen Weibchens gelangt, weise man dem Tiere einen Behälter mit einem Wasserbecken an, dessen eine Wandung recht allmählig nach dem Wasser zu sich abschrägt und in dem sich einige Wasserpflanzentriebe (Elodea, Hornkraut, ꝛc.) befinden. An diese heftet das Weibchen dann die Eier von der Größe eines Hanfkornes. Die Zeitigung der Eier dürfte bei einiger Sorgfalt gelingen, doch sind tatsächliche Zuchterfolge bis dato noch nicht bekannt.

Als Nahrung biete man den Salamandrinen an: kleine Nacktschnecken, Regenwürmer, Fliegen und deren Maden und als gern genommenes Futter die schon erwähnten Chironomuslarven.

Während Salamandrina nur in ziemlich trockenen Behältern von Ausdauer ist, bedarf der nun zu erwähnende braune Erdtriton einer mit Feuchtigkeit geschwängerten Luft, um auf die Dauer erhalten werden zu können. Man erreicht solche Luftfeuchtigkeit durch ein öfteres Bebrausen der Pflanzen mit mäßig lauem Wasser und Schließen aller Lüftungsklappen auf einige Stunden. Ein nachheriges Lüften darf aber dabei auch nie außer Acht gelassen werden! In solcher feuchten Atmosphäre fühlt sich, wie schon gesagt, der braune Erdtriton (Spelerpes fuscus) am wohlsten.

Im Allgemeinen muß man jedoch diesen unscheinbar gelbbraun, mit helleren Flecken gezeichneten Landmolch zu den weniger haltbaren Arten zählen.

Bedeutend lebhafter gefärbt, als auch von lebhafterem Temperament als sein sardinischer bezw. italienischer Verwandter, ist der nordamerikanische (Spelerpes ruber).

Die Weibchen dieses leider jetzt seltener zu uns gelangenden Molches sind prächtig fleischfarben bis zinnoberrot gefärbt, die Männchen tragen auf diesem Grunde noch eine blauschwarze Punktierung. Während man sich im Allgemeinen unter Molchen träge Gesellen vorstellt, kann dieser Nordamerikaner von einer eidechsenartigen Schnelligkeit sein. Der ihm zusagendste Behälter ist ein Aquarium auf dessen Boden schräg nach einer ca. 5—10 Zentimeter tiefen Stelle abfallend eine Sand- oder feine Kiesschicht lagert. Einige flache Steine bilden die Staffage und die Imitation eines seichten Bachufers ist fertig. Sowohl bei ihm, als überhaupt bei allen Molchen, die in dazu eingerichteten Aquarien gehalten werden, ist es notwendig, daß der Behälter durch einen Deckel stets verschlossen ist.

Der rote Spelerpes ist recht gefräßig und reiche man ihm als Universalfutter Regenwürmer, doch verschmäht er auch Mehlwürmer oder hin und her bewegte Fleischstückchen nicht. In frisch importierten Exemplaren ist dieser behende Molch recht scheu und gräbt sich stets binnen Augenblicken in den feuchten Sand ein, um sich den Augen des Beschauers zu entziehen.

Bevor wir zu denjenigen Molchen übergehen, deren vorwiegender bezw. liebster Aufenthalt das Wasser ist, wollen wir noch eines Tieres erwähnen, über welches bis in die letzten Jahre ganz eigentümliche Ansichten herrschten. Es ist dies Pleurodeles Waltlii, der spanische Rippenmolch. Dieses Tier stellt man sich früher nämlich so vor, bezw. bildete es so ab, daß zu beiden Seiten des Körpers je eine Längsreihe Rippenspitzen aus diesem hervorragten.

Dies ist in normalem Zustande jedoch absolut nicht der Fall. Es kann aber vorkommen, daß bei einer heftigen Bewegung dieses Molches einmal eine Rippe sich durchstößt, doch ist das eben ein Unglücksfall des betreffenden Tieres, welches bis zur Heilung dieser Wunde peinlich sauber gehalten werden muß. Nimmt man einen Pleurodeles Waltlii in die Hand, so spürt man bei den windenden Bewegungen des Tieres zwar, daß die freien Rippen gegen die Rückenhaut stemmen, zum wirklichen Durchbruch kommt es jedoch nur seltener.

Das bis 25 Zentimeter lang werdende Tier ist blaugrau mit olivgrünlichen Flecken versehen, der Bauch ist heller.

Am zweckmäßigsten pflegt man diesen, ebenfalls Schatten liebenden robusten Molch in Aquarien, in denen durch Belegen mit Moospolstern auf die Kies oder Sandschicht eine Art Sumpf geschaffen wird. Hier fühlt er sich am wohlsten, nur muß das Mos sehr oft erneuert werden, da es sonst zu faulen beginnt. Als Nahrung nimmt dieser Molch recht große Regenwürmer mit Gier. Auch ist er bald an rohes, vor ihm hin und her zu bewegendes Fleisch zu gewöhnen.

In unseren Gegenden allgemein verbreitet ist der kleine oder gestreifte Teichmolch (Triton taeniatus). Fig. 25. Diese niedlichen Tiere bewohnen stehende Gewässer oder Gräben in großer Anzahl und fallen leider auch in großer Anzahl in die Hände unerfahrener Laien, die sie in kleinen Krausen eng zusammenpferchen und ihnen zu Hause womöglich noch einen recht sonnigen Standplatz anweisen. Natürlich stirbt bei derartiger Behandlung die ganze Gesellschaft schon am ersten Tage ab. Am naturgemäßesten bringt man diese, wie auch alle anderen. hier erwähnten Vertreter der Gattung Triton in der Zeit von Ende Februar bis Oktober in mit Unterwasser- und Schwimmpflanzen dicht besetzten Aquarium unter, in denen sie auch meist zur Fortpflanzung schreiten werden. Im Oktober überführe man sie dann in feuchte Terrarien mit Wasserbecken und werden sie dann von selbst das Becken verlassen und nach wenigen Wochen den Winterschlaf antreten. Man kann sie zu diesem Zwecke in dem Behälter selbst belassen und diesen an einem hellen, frostfreien Orte aufstellen, oder sie auch herausfangen und in die dazu eigenshergerichteten Ueberwinterungskästen setzen. Um auf Triton taeniatus zurückzukommen, so prangt das Männchen zur Frühjahrszeit im herrlichsten Hochzeitskleide. Gleich im Nacken beginnt ein Hautkamm, welcher sich in einem an der Scheitelstelle circa einhalb Zentimeter hohen, ausgewellten Bogen bis nach dem Schwanzende hinzieht. Diesem gegenüber steht ein zweiter Bogen der unteren Schwanzseite. Auf diese Weise erreicht der seitlich plattgedrückte Ruderschwanz eine Breite von oft 1,5 Zentimeter.

Die Rückenfärbung ist ein dunkles Olivgrün oder Olivbraun, welches nach den Seiten zu allmählig in ein Gelbweiß übergeht. Die

Grundfarbe ist noch von unregelmäßig geformten, schwarzen Flecken überzogen, die sich auch auf der schön hell orangefarbenen Bauchmitte befinden. Dieses Orange zieht sich auch noch bis zur Hälfte der Schwanzunterseite hin und wird nur durch den schwärzlichen Kloakenwulst unterbrochen. Ueber dieser Schwanzsaumfarbe läuft noch bis zum Ende des Schwanzes ein blauer, wie Perlmutterschillernder Streifen. Die meist größeren Weibchen sind hingegen viel einfacher gefärbt. Der Rücken ist mehr oder weniger braungelb und mit dunklen

Figur 25. Gestreifter Teichmolch (Triton taeniatus).

Punkten übersät: der Bauch in der Mitte blaß rötlich, an den Seiten weißlich gefärbt. Auch fehlt dem Weibchen der Kamm.

Ein Riese gegen diesen Molch ist sein nicht minder schöner Vetter Triton cristatus, der Kammmolch. Dieser erreicht nicht selten die Länge von 16 Zentim. und ist es bei dieser Größe begreiflich, daß er seinen kleineren Artsgenossen gefährlich wird. Man tut daher gut, ihn in Gefangenschaft nicht mit kleineren Tritonen zusammen zu halten da er diese bei seiner Freßgier einfach auffrißt. Mit Regenwürmern und rohen, wurmförmig geschnittenen und etwas vor ihm hin und her bewegten Fleischstücken ist er am ehesten und vorteilhaftesten zu sättigen. Sonst ist auch er wie die übrigen Tritonen zu halten und schreitet auch unschwer zur Fortpflanzung in Gefangenschaft. Bedeutend kleiner als cristatus und auch weniger häufig anzutreffen ist Triton alpestris, der Alpenmolch. Fig. 26.

In Schlesien fand ich diese bis 10 Zentimeter lang werdenden Tiere in den Waldtümpeln der Umgebung des Städtchens Ziegenhals wo sie besonders in dem eiskalten Wasser eines halb in einer Erdhöhle liegenden, natürlichen Beckens von kaum dreiviertel Quadratmeter Wasserfläche in Menge vorkommen. Die Grundfärbung der Tiere ist recht verschieden und wechseln Schwarzblau mit Tiefbraun in den verschiedensten Abstufungen mit einander ab. Der Bauch ist nicht selten intensiv hellrot gefärbt und nur an der Kehle oder an den

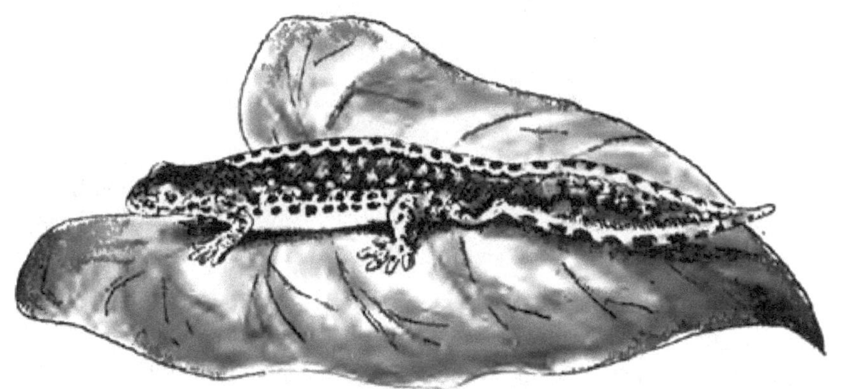

Figur 26. Alpenmolch (Triton alpestris).

Rändern durch seine netzartige dunkle Fleckenzeichnung unterbrochen, die den ganzen Rücken und Kopf überzieht.

Ein Molch, der ziemlich selten von Liebhabern erbeutet wird, ist Triton palmatus, der Fadenmolch. Im Großen und Ganzen kann Triton palmatus mit taeniatus verglichen werden, nur besitzt er ein kleines 1 bis 1,5 Zentimeter lang werdendes fadenartiges Gebilde am Schwanzende, welches ihm auch seinen Namen einbrachte.

Früher in Massen, jetzt aber seltener kommt ein schöner Nordamerikaner zu uns, nämlich der „rotgetüpfelte" Molch „Triton viridescens". Fig. 28. An Größe erreicht er unseren taeniatus gewöhnlich.

Sehr gut stehen ihm die zinnoberrot leuchtenden, schwarzumsäumten Punkte auf dem Rücken und an den Flanken.

Wir kämen nunmehr zu einem unserer schönsten europäischen Molche, nämlich den marmorierten Molch (Triton marmoratus). Im nördlichen Spanien und in Südfrankreich ist er ziemlich häufig anzutreffen.

Zur Laichzeit bekommt das Männchen einen ziemlich hohen, aber nicht gezackten Kamm und kommt dann auch die Farbenpracht der bis 12 auch 14 cm langwerdenden Tiere im höchsten Maße zur Geltung. In mittelgroßen Aquarien, welche recht dicht bepflanzt sind, schreiten richtige Zuchtpärchen im Frühjahr anstandslos zur Fortpflanzung und wird man bei einiger Sorgfalt einen gewissen, wenn auch kleinen Prozentsatz der Brut großziehen. Für die aufgewandte Mühe wird man durch die herrliche Zeichnung der Tierchen reichlich entschädigt.

Figur 27. Roter Molch (Spelerpes ruber).

Erwachsene Stücke zeigten folgende Färbung: Auf graugrüner Rückenzone heben sich in ziemlich symmetrischer Zeichnung satte, dunkelgrüne Flecken ab. In der Mitte des Rückens läuft eine rote Linie. Der Bauch ist einfarbig braunrot bis dunkelgrau.

Nicht minder haltbar, wenn auch bedeutend schlichter gefärbt als Triton marmoratus ist der aus Nordamerika stammende Triton torosus. Er ist von kräftigem, gedrungenem Körperbau und erreicht für gewöhnlich die Länge eines ausgewachsenen T. cristatus, es kommen jedoch nicht selten auch noch um einige Zentimeter größere Tiere in den Handel. Die rötlich gelbe Kopf- und Bauchunterseite des Tieres steht in starkem Kontrast zu dem schlichten Schwarzbraun der Rückenzone, sodaß nach diesem Merkmale auch der Laie den T. torosus leicht von einem Artsverwandten unterscheiden lernen dürfte! Triton torosus hält sich übrigens mit noch größerer Vorliebe als mormoratus außerhalb des Wassers auf, weshalb man durch entsprechendes Anbringen von Zierkork an der Wasseroberfläche leicht eine Art Insel schaffen kann, auf der sich die Tiere dann mit Vorliebe aufhalten werden; merkt man erst, daß die Molche das Wasser nicht mehr von selbst

Figur 28. Rotgetüpfelter Molch (Triton viridescens).

aufsuchen wollen, dann überführt man sie eben in entsprechend feucht, schattig aber trotzdem peinlich sauber zu haltende Terrarien mit größerem Wasserbecken. Des öfteren kommen in letzter Zeit durch Stüve, Krause und vielleicht auch andere Importeure, schöne, zuchtfähige Pärchen von dem japanischen Feuerbauch (Molge pyrrhogastra) in den Handel. Der Preis dieser Tiere dürfte 6—7 Mk. pro Pärchen betragen und lohnt es sich wirklich, diese durchaus nicht hinfälligen Tiere zu pflegen beziehungsweise zu züchten. Auf dem Rücken sind die Japaner schwarz gefärbt, auf dem Bauche dagegen von einem schönen, satten Rot, das nur durch kleinere, verstreut liegende Flecken mitunter unterbrochen wird.

Durch die Eigentümlichkeit, bereits im Larvenzustand Nachkommenschaft erzeugen zu können, ist der mexikanische Axolotl (Amblystoma mexicanum) schon seit Jahren ein recht interessantes Beobachtungsobjekt. Da nun die Axolotl wirklich auch haltbare Tiere sind, welche in Gefangenschaft bei einiger Sorgfalt sehr leicht zur Fortpflanzung schreiten, sind sie heute keine großen Seltenheiten mehr und als Larven sowohl in der dunkelbraun bis schwarz gefärbten Stammform, wie auch als Albino für wenig Geld in den betreffenden Geschäften erhältlich. Diese Larven zeichnen sich aus durch große, fein verästelte Kiemenbüschel und einen am Rücken beginnenden, ziemlich hohen Kamm, der bis an die Spitze des seitlich abgeplatteten Ruderschwanzes reicht. Amblystoma mexicanum erreicht die respektable Länge von 20—25 Zentimeter.

Zu bemerken wäre noch, daß Axolotl sehr gefräßig sind und sie sich über alles Lebende hermachen, was sie nur bewältigen können. Hieraus geht hervor, daß man kleinere Molche oder gar Fische mit Amblystoma nicht zusammen halten darf!

Um Nachzucht von Amblystoma zu erhalten, bringe man in den Frühlingsmonaten in nicht allzu kleinen dichtbepflanzten Aquarien Zuchtpaare unter, die man recht ungestört sich selber überläßt. Das Männchen (an den großen Kloakwülsten leicht erkennbar) setzt dann nach vorhergehendem Treiben Spermatophoren, d. h. gallertartige Häufchen der befruchtenden Samenmasse auf dem Sandboden des Aquariums ab; das Weibchen, welches diesen Moment erwartet hat, kommt alsbald herbei und nimmt diese Häufchen in ihre Kloakenspalte auf, so daß die Befruchtung auf diese Weise erledigt wird. Nach 8—14 Tagen schlüpfen dann die vom Weibchen einige Stunden nach erfolgter Befruchtung abgelegten Eier, aus. Die Zahl schwankt zwischen 200 bis 1000 Stück. Leider wird man von diesen Zahlen zuerst nur einen sehr kleinen Zuchterfolg erzielen.

Im ersten Stadium lebt die Brut von Infusorien, 6—8 Tage darauf füttere man reichlich mit Daphnien bezw. Schabefleisch. Die alten Tiere sind selbstredend herauszufangen!

Interessant, aber nicht stets erfolgreich ist es, die Umwandlung von der Larven- oder Wasserform in die echte Landform zu erzielen. Zu diesem Zwecke suche man sich besonders kräftige, aber nicht ausgewachsene Exemplare aus und bringe diese in einem Aquarium von

15 Zentimeter Wasserhöhe unter. Ganz allmählig, von Woche zu Woche etwa 1 Zentimeter, ziehe man dann das Wasser ab. Sobald man nun ein Einschrumpfen der Kiemenbüschel bei dem Tiere wahrnimmt, gebe man ihm Gelegenheit, freiwillig an Land zu gehen. Dies erreicht man am besten durch Aufschütten einer schräg ins Wasser abfallenden Sand- oder feinen Kiesschicht, von der ein Teil etwa 2—3 Zentimeter über dem Niveau des Wassers liegt. So warte man geduldig ab, bis die Kiemen immer weniger verästelt werden und allmählig ganz verschwinden. Inzwischen ändert sich auch die Gestalt des bisher seitlich plattgedrückten Ruderschwanzes: der Kamm ver-

Figur 29. Axolotl (Ambystoma tigrinum). 1. Verwandelte-, 2. Larven-Form.

schwindet und der Schwanz nimmt runde Gestalt an. Wenn die letzten Reste der Kiemen verschwunden sind, wird das Tier immer häufiger das Trockene aufsuchen und dann kann man es auch aus dem Metamorphosenaquarium in das eigentliche Terraaquarium überführen.

Andere, womöglich noch besser für die eben erwähnte Metamorphose geeignete und z. Zt. auch öfters im Handel zu habende Axolotl sind Amblystoma mavortium, der marmorierte, A. punctatum, der punktierte und A. fasciatum, der gestreifte und A. tigrinum, der gefleckte Axolotl. Letzterer wird seltener angeboten.

## Krankheiten der Reptilien und Amphibien.

Wie alle lebenden Wesen sind auch unsere Pfleglinge einer großen Anzahl von Krankheiten ausgesetzt, denen sie, falls nicht rechtzeitig vernünftige Heilmittel angewendet werden, meist erliegen.

Eine leider sehr oft zu beobachtende krankhafte Erscheinung ist die Nahrungsverweigerung der gefangenen Tiere. Am relativ häufigsten wird dies bei frisch eingefangenen Reptilien, ganz besonders aber bei Schlangen beobachtet.

Schildkröten sind noch am ehesten zur Wiederannahme von Nahrung zu bewegen, auch schadet ihnen ein 3—4wöchentliches Fasten weniger als einer Echse.

Nahrung verweigernde Echsen, wie Anolis, Acanthodactylus, Scincus sind fast immer dem Tode verfallen, sobald eine deutliche Abmagerung der Tiere sich bemerkbar macht.

Scincus officinalis wurde sowohl von Tofohr, wie auch anderen, dadurch wieder in die Höhe gebracht, daß man dem Tiere der Köpfe beraubte Mehlwürmer, bezw. deren Inneres zum Auflecken gab. Ein Verfüttern von ganzen Mehlwürmern an kranke Individuen (auf gewaltsame Weise oder „Stopfen") ist zu verwerfen, da die Larven für diese Tiere unverdaulich sind und wieder ausgeworfen werden.

Wer die künstliche Fütterung bei seinen Echsen vornimmt, verwende dazu frisch gehäutete Mehlwürmer, Spinnen, glatte Raupen und Fliegen. Mit einem flachen Hölzchen werden die Kiefern des Tieres vorsichtig geöffnet und dann das Futtertier, das vorher getötet wird, hineingeschoben. Durch mehrfaches Mißglücken hierbei darf man sich jedoch nicht verdrießen lassen.

Schlangen sind je nach ihrer gewöhnlichen Nahrung mit kleinen Fröschen, Fischen oder Eidechsen zu stopfen.

Das Futtertier wird mit dem Kopf zuerst in den geöffneten Rachen der Schlange gesteckt, dann die Schlange losgelassen, wonach sie in den meisten Fällen das Tier hinunterwürgen wird, vorausgesetzt, daß sie noch nicht zu sehr heruntergekommen ist.

Amphibien werden für gewöhnlich sofort das in ihr Maul gestopfte Futter verschlingen, nur nehme man stets bei dem Oeffnen der Kiefer auf die zarte Konstitution der Tiere Rücksicht.

Bei allzu gewaltsamem Vorgehen beim Oeffnen der Kiefern stellen sich besonders bei Eidechsen bösartige Kiefernentzündungen ein. Das Tier ist dann nicht mehr im Stande, die Kiefer ordentlich zu schließen und verweigert nun erst recht die Annahme von Futter.

Eine, wenn auch weniger häufig auftretende, so doch nicht ungefährliche Krankheit, ist die Augenkrankheit bei den Echsen, welche gewöhnlich dann auftritt, wenn das Auge des Tieres von einem spitzen Steinchen, Kaktusstachel 2c. lädiert wurde. Man halte solche Tiere längere Zeit in völlig leeren Glasbehältern und pinsele zeitweilig das kranke Auge mit ganz stark verdünntem Lysol oder 10%igem Borwasser.

Bedeutend häufiger als bei Echsen zeigt sich bei den Sumpfschildkröten ein sehr gefährliches Augenleiden, das jedoch seine Ursache in einer unzweckmäßigen Pflege des betreffenden Tieres hat.

Sind die Tiere nämlich oft der Zugluft ausgesetzt oder befinden sie sich lange Zeit in verdorbenem Wasser, so findet sich jener „Augenkatarrh" bei ihnen ein, der stets den Tod zur Folge hat, wenn das Tier nicht rechtzeitig in sorgfältige Behandlung genommen wird. Es bildet sich nämlich unter dem kranken stetig geschlossenen Augenlide eine zähe eitrige Masse, welche mehr und mehr verhärtet, das Auge völlig zerstört und schließlich den sicheren Tod des Tieres verursacht.

Nicht minder gefährliche Krankheiten sind die bei Amphibien auftretenden Geschwüre am Körper, welche neben direkter Ansteckung die Folge von einem unsauberen, schlecht ventilierten Behälter sind.

Durch entsprechende baldige Abhilfe wird man neue Patienten nicht zu befürchten haben, die an Geschwüren erkrankten behandele man mit 1:10—20 verdünntem Lysol oder man betupfe die eiternde Stelle mit Höllensteinstift.

Dieser Krankheit entspricht bei den Reptilien die Pockenkrankheit, die in Menge ihre Opfer fordert und gleichfalls ansteckend ist.

Der Schwanz oder auch der ganze Körper bekommt blattrige Erhöhungen, das Tier hört auf zu fressen und geht zu Grunde! Man suche dieses Uebel zu entfernen, indem man die daran erkrankten Tiere sofort separat sperrt, die Blattern mit einem scharfen Messer auskratzt, bis sie bluten und dann mit Dermatol bestreut.

Bei Schlangen läßt sich übrigens noch als recht gefährliche Kranheit die Maulfäule feststellen. Das betr. Tier reißt das innen entzündete Maul weit und krampfhaft auf, züngelt nicht mehr und wird immer apathischer.

In den meisten Fällen wird Maulfäule unheilbar sein, im Anfangsstadium werden Pinselungen mit einer ganz schwach milchigen Lysollösung Erfolg haben. Wegen der Ansteckungsgefahr müssen auch derart erkrankte Schlangen getrennt von den gesunden Tieren gehalten werden.

Häutungsschwierigkeiten bei Schlangen suche man durch Baden in lauem Wasser zu beseitigen; auch bei Echsen wird dies Mittel von Erfolg sein. Tropische Reptilien bekommen in zu wenig, bezw. unregelmäßig geheizten Behältern oft Schnupfen. Das sichere, äußere Anzeichen hierfür ist jene trockene schaumartige Absonderung an den Nasenlöchern.

Bei dauernd höherer Temperatur verschwindet dieser nicht sonderlich gefährliche Zustand wieder von selbst.

Bedeutend mehr Opfer fordert dagegen die Lungenentzündung der Reptilien Zu dieser heimtückischen Krankheit können die Tiere sehr leicht kommen, wenn man ihnen an heißen Tagen oder bei kräftiger Heizung kaltes Wasser zu trinken giebt, statt des abgestandenen beziehungsweise bei Exoten lauwarmen.

Dies wären in kurzen Worten die wichtigsten Krankheiten unserer Pfleglinge. Wer jedoch die gefangenen Tiere recht lange zu erhalten wünscht, der lasse ihnen stets eine derartige Pflege zu teil werden, daß sie von Krankheiten möglichst befreit bleiben. Den Krankheiten vorzubeugen ist hier nämlich eher noch möglich, als Krankheiten zu heilen.

# Inhalts-Uebersicht.

# Alphabetisches Inhalts-Verzeichnis.

Zeitfracht Medien GmbH
Ferdinand-Jühlke-Straße 7
99095 Erfurt, Deutschland
produktsicherheit@kolibri360.de